図表 1（口絵）　大矢夏目「北の親子」

＊公益財団法人日本美術院 再興第 107 回院展（2022 年 9 月）。許可を得て掲載。

学びと成長の講話シリーズ▶第4巻

溝上慎一 Shinichi Mizokami

Active Learning

インサイドアウト思考

創造的思考から
個性的な学習・ライフの構築へ

東信堂

はじめに

私は絵画を鑑賞しに美術館へ行くのが好きだ。ゆっくり絵を見ながら館内を歩き回り、興味がある絵に出会うと立ち止まってじっと見る。そういうスタイルでの美術鑑賞だ。だから、多くの鑑賞者のように、一つ一つの絵を立ち止まってじっくり鑑賞はしない。絵のそばにある解説文もときどき読むくらいである。

第三者から見ると、ろくに絵も見ないで早足で館内を歩き回っているように見えるかもしれない。もっとしっかり絵を見なさいと説教を受けるかもしれない。しかし、美術館でどのように楽しむかは私の勝手である。私は画家ではない。絵がうまいとかきれいだとか（そんな声が鑑賞者から聞こえてくるが）、そんな技巧的なことを勉強しに美術館へ行くわけでもない。

私は、自身の日常の仕事や生活から離れて、私とは異なる職業人である画家が、いったい何を動機としてこの絵を描き始めたのか。描いている時の昂揚する感情、うまく表現できない苛立ちはどんなものだろうか、などと想像するのが好きである。

若い頃は、原稿を書く時、最初の数行を書くのに考えがまとまらなかったり気持ちが入らなかったりして、二〜三日パソコンの前に座っているだけ、といった状態がけっこうあったものである。しかし、今は画家の最初のラフスケッチをイメージして執筆をするようにしている。画家にたとえれば、完成したイメージの絵を最初から描こうと思うから書けないのである。どうせ後で何十回も直していくのである。最初から完璧なものを書く必要はまったくない。ひとたびそのように思えるようになると、最初の数行は難なく書けるようになる。

これは美術鑑賞が私の仕事に役立っている一例であるが、実際には、美術館で鑑賞してビジネス的なアイディアや、仕事・生活に戻って役立つアイディアを得るといったことは、私の中ではあまり起こっていない。しかし、創造的な仕事を行う研究者として、まったく異なる分野の、しかし同じ創造的な仕事に従事する画家の仕事は大いなる刺激である。一時間くらいの間に館内を見て回って、そんな創造性への出会いが一つか二つでもあり、その画家とじっくり想像的な対話ができれば、私にとっては十分満足した時間となる。たとえ数点しかじっくり鑑賞しなかったとしても、時間とお金をかけて美術館に行くだけの価値がある。

本書のテーマである「思考」について、いろいろ本を読んでいる中、末永[1]の『13歳からのアート思考』という本に出会った。副題には『「自分だけの答え」が見つかる』とある。本を読み始めると、いきなりこんな言葉が目に飛び込んでくる。

「私たちは「一枚の絵画」すらじっくり見られない」

そして、あなたは「絵を見ている時間」と「解説文を読んでいる時間」とどちらが長いですか、と読者に問いかける。これは、私が美術館での鑑賞について考えてきたこと、そのものである。我が意を得たりと思った。著者としては、「絵を見ている時間」と答えてほしい。しかし、著者もかつて美大生だった頃、美術館に行ってそれぞれの作品を見るのはせいぜい数秒で、そばに添えられた題名や制作年、解説などを読んでなんとなく納得したような気になっていたそうである。何のための鑑賞なのか。これでは、見えるはずのものは見えず、感じられるはずのものも感じられない。それでいいのかと著者は問いかける。

彼女がこのような考えに至った体験が紹介されている。ある美術館で、子供がモネの「睡蓮《すいれん》」の作品を見て「かえるがいる」と言ったそうである。しかし、モネの作品にかえるは描かれていない。「どこにいるの？」と尋ねると、子供は「いま水にもぐっている」と答えたそうである。著者は、これこそが「アート鑑賞」だと思ったらしい。作品名や解説文といった情報に正解を見出そうとするのではなく、むしろ「自分だけのものの見方」でその作品をとらえて、自分なりの答えを手に入れればそれでいいはずである。

そして、この話を現代社会の思考論として発展させる。末永は次のように述べる。

「ビジネスだろうと学問だろうと人生だろうと、こうして「自分のものの見方」を持てる人こ

そが、結果を出したり、幸せを手に入れたりしているのではないでしょうか。
じっと動かない一枚の絵画を前にしてすら「自分なりの答え」をつくれない人が、激動する複雑な現実世界のなかで、果たしてなにかを生み出したりできるのでしょうか。[2]」

アート鑑賞は、「自分なりのものの見方」「答え」を創る一機会に過ぎない。しかし、そうした一つ一つの機会から創造的思考を働かせてみることで、その思考様式がビジネスや学問、人生における他の領域へと転移して、いろいろ物事を自分なりに考えられるようになってくる。本書は、そのような自分なりの創造的思考を「インサイドアウト思考」として概念化し、他の思考論を総ざらいして位置づけ、現代社会に求められる思考様式として説くものである。

絵画についてここまで述べたので、一枚、最近見た私の印象深かった絵を紹介する（**図表1（口絵）**）。「この一枚からあなたは何を感じますか、考えますか」という問いに答えてみてほしい。インサイドアウト思考論の始まりである。

本書の概要

近年、思考論が大流行りである。歴史的・哲学的に人の知性や理性の象徴として説かれてきた「論理的思考」論は、いまだ健在である。近年では情報化社会の進展に伴って、送られる情報を鵜呑みにするのではなく、批判的に吟味して情報を利用するための思考が重要であるとして「批判的思考」[3]も説かれている。[4]他方で、人の合理的な思考の重要性がますます説かれている現状である。他方で、人生一〇〇年時代を謳うライフシフトのための思考様式、ひいては「ニュータイプの思考」や「アート思考」といった、現代社会の問題解決や課題に取り組むための「〇〇思考」が新たに、次々と提唱されている。

どの思考論も「考えることが重要だ」と説くものであるが、これだけ様々な思考論が説かれる状況になると、いったいどのような意味での思考が求められているのかがわからなくなってくる。そもそも「思考する」「考える」とはどういうことなのかもわからなくなっている。本書では、「思考する」とはどういうことかという原点に立ち返って、そこから論理的思考、批判的思考、そして現代的な〇〇思考を同じ土俵で横並びに整理して理解を深めようと思う。

もっとも、横並びに整理した後には、多少大ぐくりで再整理する必要がある。本書では、そこに「インサイドアウト思考」「アウトサイドイン思考」という視点を用いる。一つ一つを見れば理解されるものの、思考論全体の中でどのような特徴を持つのかがよくわからない様々な思考論に対して、まずは「インサイドアウト思考」か「アウトサイドイン思考」か、あるいはそのどちらにウェイトが置かれているものかを見極める。これだけで、様々な思考論の特徴や全体の中での立ち位置がかなり見えるようになってきて、思考論の風通しが良くなるはずである。

国や地域、人びとにとって意味は異なりながらも、現代は総じて、新しい考えやテクノロジーを駆使して、社会の問題解決、課題への取り組みを通して社会を発展させる時代だと考えられている。文部科学省が掲げるSociety5.0は、このような現代社会への見方を文明の進化として説くものである。[5] Society5.0は、サイバー空間とフィジカル空間を高度に融合させ、イノベーティブな社会を目指すものである。しかし、その中身を見ると、単純にテクノロジーによるイノベーション、それによる社会の進展だと謳っているわけではないことがすぐにわかる。そのような方向性はもちろん見られるが、他方で、少子高齢化、過疎化といった日本の課題、地球温暖化や海洋生態系などの地球規模の課題、最近のことで言えば新型コロナウィルス感染症の拡大から発展したＩＣＴを活用した生活様式への転換が課題として述べられている。最大限簡潔に言えば、新しい物作りや技術開発によって社会が進展してきたSociety4.0までの社会と違って、問題解決や課題に取り組むことを通して社会の発展を目指すスローガンになっているということである。

興味深いのは、社会の問題解決や課題への取り組みが現代社会を進展させるのみならず、個人の様々な側面におけるライフ[6]、ウェルビーイングを充実させることにも繋げなければならないと考えられていることである。それは、文部科学省『令和3年版 科学技術・イノベーション白書 Society 5.0 の実現に向けて』で明確に述べられている。白書は Society5.0 が目指す社会を、「直面する脅威や先の見えない不確実な状況に対し、持続可能性と強靭性を備え、国民の安全と安心を確保するとともに、一人ひとりが多様な幸せ (well-being) を実現できる社会」と説明する。そして、それが国連サミットで採択された一七の開発目標、「飢餓」「貧困」「教育」「ジェンダー」「エネルギー」「資源」などのＳＤＧｓ（持続可能な開発目標）とも軌を一にすると言う[7]。

　Society5.0 において、新しい物作りや技術開発がなくなったわけではない。社会の問題や課題をすべてテクノロジーで解決しようというわけでもない。ここまで高度に工業化・情報化された社会、それにもかかわらず、否それ故にと言うべきだろう。社会的な問題や課題が噴出していて、それを新しい考えやテクノロジーを駆使して解決したり取り組んだりしていこうというのである。そうして現代社会を前へと進展させていこうというのである。文明社会がここまで進展していると言っても、発展途上国のようにその恩恵を受けていない国や地域もあり、地球規模で社会の進展を図っていくことも現代社会の課題である。ＳＤＧｓはそれを国際的な視点から提起したものである。

　それにしても、Society5.0 やＳＤＧｓの問題や課題は、どのように取り組んでいけばいいかがわからないものが多い。正解は一つではないので、教科書的にこうすればいいと断言して教えることはできない。問題や課題の範囲もすさまじく広く、どこから手を付けていけばいいかもわからない。人びとに求められるライフの構築やウェルビーイングの充実についても、自身のどのような側面を充実させれば自分は幸せだと感じられるのか、そのために何が問題でどのように解決していけばいいのか、わからないことが多い。学校や仕事、日々の生活に目を向けても同様である。

個人の問題・課題から地域・社会のそれまで、多くの人びとは思考の始動、あるいは思考の初発プロセスにつまづいている。面倒くさい、よく分からないと言って、思考することから逃げている。これが、本書が問題とする大きな出発点である。先に紹介したアート思考はその象徴である。現代社会で提起される「○○思考」の多くは、そのような思考を始動させるための考え方やそのための心構え(マインドセット)を説いている。本書では、思考の始動あるいは思考の初発プロセスに焦点を当てた思考を「インサイドアウト思考」と呼び、その意義を論じていく。俗っぽく言えば、「自由にいろいろ考えてみよう」「考えを作っていこう」という形で行われる思考のことである。そして、論理的・批判的思考に代表される「アウトサイドイン思考」を相対する思考として措定し、対照的な二つの大きな視点を通して、現代社会における思考について視座を作る。

本書は、大きく二部構成となっている。

第Ⅰ部は、インサイドアウト思考の概論である。

まず**第1章**で、思考のそもそも論を、認知科学を視座として定義し(2)、代表的な思考タイプとして「推論」「問題解決」「意思決定」「アナロジー」を紹介する(3)。4では、思考が認知的な情報処理プロセスの中で働く機能であることを、より具体的なイメージをもって理解するために、ドラマや映画、新聞記事等のセリフや場面を具体例にして説明する。こうして、思考を認知的な情報処理としてイメージできるようになると、推論などの思考タイプは情報処理の「起点」と「終点」を結ぶ形式で定義されていることが見えてくる(5)。この起点と終点を結ぶ情報処理形式が見えてくると、起点はあっても終点が必ずしも明瞭ではないインサイドアウト思考の様式が議論できるようになる。

こうして**第2章**では、インサイドアウト思考とアウトサイドイン思考の二つの思考様式を定義し(1・2)、まずアウトサイドイン思考の代表的な思考タイプとして、論理的思考、批判的思考を紹介する(3)。とくに論理的思考は、哲学で二〇〇〇年以上にわたって議論されてきた理性や合理的思考を含むものであり、言わば、伝統的な思考論の代表とも言えるものである。第1章で紹介した思考タイプ(推論〜アナロジー)を併せて、アウトサイドイン思考が情報処理の起点と終点を設定し、その間の論理性や情報処理形式を問題とする思考タイプであることがわかれば、その次は、本書のテーマであるインサイドアウト思考である(4)。認知的な情報処理の起点はあっても、終点が必ずしも明瞭ではない中で始動するインサイドアウト思考は、思考のそもそもを扱う思考論とも特徴づけられる。つまり、考えること（思考）というのは、答えやゴール（終点）が見えないからこそなされるものではないのかということである。そして、新しい考えを産み出していく原初的な創造的思考の特徴も併せ持つものと論じられる。

第3章では、インサイドアウト思考の身に付け方、すなわち思考スキルについて紹介する。しかし、思考スキルに頼る前に、まずは徹底的に自分の考えを作り、自分の言葉で表現すること（**1**）、他者を利用すること（**2**）の基本的な構えを説く。その上で、インサイドアウト思考のスキルとして5W1H思考とSWOT分析を紹介する（**3**）。他にも、例えば、第2章で扱った論理的思考や批判的思考のポイントを利用して、それがインサイドアウト思考のスキルにもなることを説く（**4**）。

第4章では、筆者の専門的関心である学校教育において、インサイドアウト思考、アウトサイドイン思考がどのように扱われているかを概観する。とくに近年、学校の授業の中に導入されているアクティブラーニング（外化）（**2・3**）は、インサイドアウト思考を育てる学習法であり、学習パラダイムへの転換とも密接に関連していることが説かれる（**4**）。しかし、学習パラダイムへの転換が謳われる中でも、伝統的な教授パラダイムが位置づけられることと同様に、インサイドアウト思考の重要性や実践が新たに提起される中でも、伝統的な推論や問題解決、論理的思考を始めとするアウトサイドイン思考が蔑ろにされてはならない。両思考様式は相補的に育てられるものと議論される（**5**）。

第5章では、第Ⅰ部の議論を、思考の社会的性格の観点からまとめられる。つまり、個人が自由に、好きなように考えるインサイドアウト思考であっても、どこかでアウトサイドイン思考とのカップリングが求められる。それは、人が社会の中で思考する社会的存在だからである。この思考の社会的性格は、仕事・社会・個人のライフのあらゆる世界を見渡して実際に認められるものである。

第Ⅱ部では、インサイドアウト思考を、ある問題や課題に対して自身の考えを作っていくために必要な思考というだけでなく、現代社会において個性的なライフを構築していくためにも必要な思考であると論じていく。具体的には、現代社会を個人化・多様化するライフの社会と捉えた視点から（**第6章**）、先行世代からの知識・技能の伝達・継承の社会的機能が低下し始めた近代論の視座から（**第7章**）、インサイドアウト思考を働かせて個性的なライフを構築していくことが求められていると論じる。**最後に**は、個性的なライフの構築がウェルビーイング論へと必然的に繋がることを指摘して、本書を締めくくる。

注

1　末永幸歩（2020）．13歳からのアート思考―「自分だけの答え」が見つかる―（佐宗邦威解説）　ダイヤモ

ンド社

2　Ibid., p.7

3　critical thinking（批判的思考）は「クリティカルシンキング」とも訳される。批判的思考の詳しい説明は第2章3を参照。

4　楠見（2016）、p.3。楠見孝（2016）．市民のための批判的思考力と市民リテラシーの育成　楠見孝・道田泰司（編）批判的思考と市民リテラシー――教育、メディア、社会を変える21世紀型スキル――　誠信書房　pp.2-19

5　Society5.0は、科学技術基本法に基づいて策定された、文部科学省の科学技術基本計画第5期（二〇一六―二〇二〇年）のキャッチフレーズである。Society1.0（狩猟社会）、Society2.0（農耕社会）、Society3.0（工業社会）、Society4.0（情報社会）といった人類がこれまで歩んできた社会に次ぐ第五の新たな社会として措定されており、サイバー空間（仮想空間）とフィジカル空間（現実空間）を高度に融合させたシステムにより、経済発展と社会的課題の解決を両立するイノベーティブな人間中心の社会を目指すものである。

6　学校や仕事、家族、地域・社会などの生活・人生を指す。以下これを「ライフ（lives）」と呼ぶ。ライフは、生活・人生を包括する言葉である。

7　文部科学省『令和3年版 科学技術・イノベーション白書　Society 5.0の実現に向けて』pp.2-4より。
https://www.mext.go.jp/b_menu/hakusho/html/hpaa202101/1421221_00023.html

目次／インサイドアウト思考——創造的思考から個性的な学習・ライフの構築へ（学びと成長の講話シリーズ4）

学びと成長の講話シリーズ4

インサイドアウト思考——創造的思考から個性的な学習・ライフの構築へ

第Ⅰ部　インサイドアウト思考論

第1章　思考とは――認知科学を視座にして

本章では、「思考」を認知科学を視座に定義し、その特徴を概説する。その上で、本書のテーマであるインサイドアウト思考へと論を繋げていく。

1　「理性」としての思考

哲学では古代ギリシャの時代から、他の動物と違う人の特徴が「理性的」な点にあると考え、「人には理性がある」「理性とは何なのか」という議論が長らく行われてきた。「理性」は、二〇〇〇年以上にわたって哲学的に論じられてきた思想史の中核的テーマの一つであり、これが現代の思考論に繋がる。

理性とは、感覚や感性と区別して、人が論理的・推論的に思考する能力を指す概念である[8]。理性（reason）の語源はロゴス（論理・論理的 rational）に遡ると考えられており[9]、論理的・推論的な思考の表れを「理性的」と捉えていた。理性に類似する概念として「悟性」があるが、理性は悟性と分けて用いられる。悟性は主として受け身の理解を特徴とし、理性は、自身の頭の中で考えを論理的・推論的に作り上げる能動的な思考を特徴とする[10]。例えば、今もみじを見ているとする。紅、黄などのもみじを見て、「美しい！」と感じる（＝感覚、感性）。ここのもみじが美しいのは～だからだと話を聞いて、「なるほど」と納得する（＝悟性）。「ここのもみじはこんな色だが、あそこのもみじはああいう色で、葉の形も違う。とすれば～」と考える（＝理性）。括弧書きの対応に示されるように、感覚、感性、悟性と区別される形で「理性」という名の思考が捉えられてきたことがわかる。

有名なソクラテスの産婆術（相手の考えに問いを出し、知識を生み出す「無知の知」を基にした対話）は、今日批判的思考のルーツとして紹介されることが多い[11]。無知の知を自覚して、そこからある知識や考えを作り出していく過程は論理的、推論的な思考そのものである。まさに理性を用いた実践的思考の技術である。

2　認知科学を視座にした思考論

(1)認知科学に依拠する理由

理性は哲学的・人類史的に見て人たる故の高度な知性の一つを示したものであったが、現代で求められる思考はそれをはるかに超える生物的・心理的・社会的視点から論じられている。この議論を可能にする視座が認知科学である。本書が、認知科学に依拠する理由は少なくとも四つある。

一つは、認知科学では、思考は情報処理を進める認知機能の一つとされるからである。認知的な情報処理は思考だけで進められるものではなく、他の認知機能(「感覚・知覚」「記憶」「言語」「注意」)も併せて働かせて進められるものである。例えば、「飼っている猫はワンと吠える」といった経験に合致しない情報が与えられると、多くの人は「猫はワンと吠えない」と思い、そこで思考をやめてしまう[12]。思考をすることだけが求められるのなら、情報の内容に経験などの記憶機能を関与させてはならない。しかし人は、「思考」の認知機能だけを働かせて思考するのではなく、「記憶」(さらにはその他の認知機能)も併せて働かせながら思考する[13]。このような他の認知機能の働きも併せて思考について考えられるのは、複数の認知機能を働かせて情報処理がなされていると見る認知科学の視座あってのものである。

二つ目は、人の思考は少なからずバイアスやエラーを伴う非論理的なものであると認知科学では論じられるからである[14]。これは、良くも悪くも人の生物的な能力の特徴を表したものであり、思考を論理的な指標だけで捉えようとする間は捉えられないものである。人の生物的なバイアスやエラーを前提とするからこそ、それを創造・イノベーションに繋げる発展可能性も示唆される[15]。創造やイノベーションが期待される現代社会においては、このようなエラーやバイアスをも含めた生物的・心理的・社会的な視座で思考を論じる必要がある。認知科学は、このような現代社会のニーズに応える視座を提供している。

三つ目は、認知科学の視座が、いわゆる思考停止の状態をうまく表せるからである。**本書の概要**で述べたような、ある問題に対する思考の始動や思考の初発プロセスにつまづいている状態がそうである。あるいは、面倒くさい、よくわからないと言って、思考することから逃げている状態もそうである。人の思考について考える時、思考が論理的になされるかどうかというだけでなく、そもそも人が思考プロセスに入っていかない思考停止の状態が少なからずあることを扱えなければいけない。

四つ目は、認知科学は、思考を含めた人の情報処理が、多くの場合、他者を始めとする環境との相互作用を通して心理社会的に行われることを示唆するからである[16]。これも、思考を個人の頭の中での論理的な特徴だけで捉えようとする間は扱えないものである。学校教育で取り組まれるアクティブラーニング（とくにペアワーク、グループワークなど）や仕事・社会でのプロジェクト学習が、心理社会的な思考や情報処理を伴ってなされていることの学術的裏付けともなる。

⑵心の働きを認知的な情報処理プロセスとして理解する

この20年、30年、認知科学の研究がめざましく発展し、直接的には認知心理学から、間接的には人工知能やニューラルネットワーク、言語学や人類学、神経科学、脳科学などの様々な専門分野から、情報処理に関する最先端の知見が学際的に提示されるようになっている。それらは、思考のプロセスをもっと精緻に、さらには生物的・心理的・社会的に明らかにする科学的知見と言えるものである。

認知科学は、心(mind)の働きを、「認知機能(cognitive function)」の働きによる情報処理プロセス(以下「認知的な情報処理プロセス」と呼ぶ)として理解する。つまり、人が自らを取り囲む環境を認識し、そこから情報を獲得し、利用し、保存し、新しい情報を創出するという情報処理プロセスのことである。

主な認知機能には「感覚・知覚」「記憶」「思考」「言語」「注意」があり、思考はこれらの一つとして理解されるものである。各認知機能を次のように定義しておく[17]。

①感覚・知覚　環境からの情報を受け入れる働き。外部の世界を知る働き
②記憶　知覚した情報から自らが考え出した情報を保持し、必要な時にそれらを思い出す働き
③思考　情報処理を推し進めてある状態を作り出す働き、ないしはそれに向かうプロセス
④言語　話し言葉と書き言葉を理解し使用する働き
⑤注意　心の覚醒水準をコントロールし、内外の必要な情報を探索し、選択する働き

読者の理解を助けるイメージとして**図表2**を示す。それを用いて平たく説明すれば、認知的な情報処理は、「感覚・知覚」「記憶」「思考」「言語」「注意」の認知機能を働かせたプロセス全般を指す。先

のもみじの例を用いると、おおよそ次のように対応を示すことができる（□は①〜⑤の認知機能を指す）。

（例1）もみじを見ている

もみじに注意を向けて感覚・知覚し、頭の中にそれを情報として入手する（情報の入力）。

（例2）紅、黄などのもみじを見て、「美しい！」と感じる

紅、黄などのもみじに注意を向けて感覚・知覚し（情報の入力）、「美しい！」と感じる（知覚・感覚、言語、情報の出力）

（例3）ここのもみじが美しいのは〜だからだと話を聞いて、「なるほど」と納得する

話に注意を向けて言語的に理解し（言語、情報の入力）、過去の関連知識と照らし合わせて（注意、思考、記憶）、「なるほど」と納得する（言語、情報の出力）

（例4）「ここのもみじはこんな色だが、あそこのもみじはああいう色で、葉の形も違う。とすれば〜」と考える

記憶にある「ここのもみじ」「あそこのもみじ」と比べて（注意、思考、言語）、「とすれば〜」という考えを得る（思考、言語、情報の出力）

このように、認知的な情報処理は一般的に、外部からの情報入力を起点として内外の様々な情報に認知機能を働かせてアクセスして処理を行い、最終的な情報を出力するプロセスである。思考は認知機能の一つである。もみじの例で、「（例1）もみじを見ている」「（例2）もみじを見て、〝美しい！〟

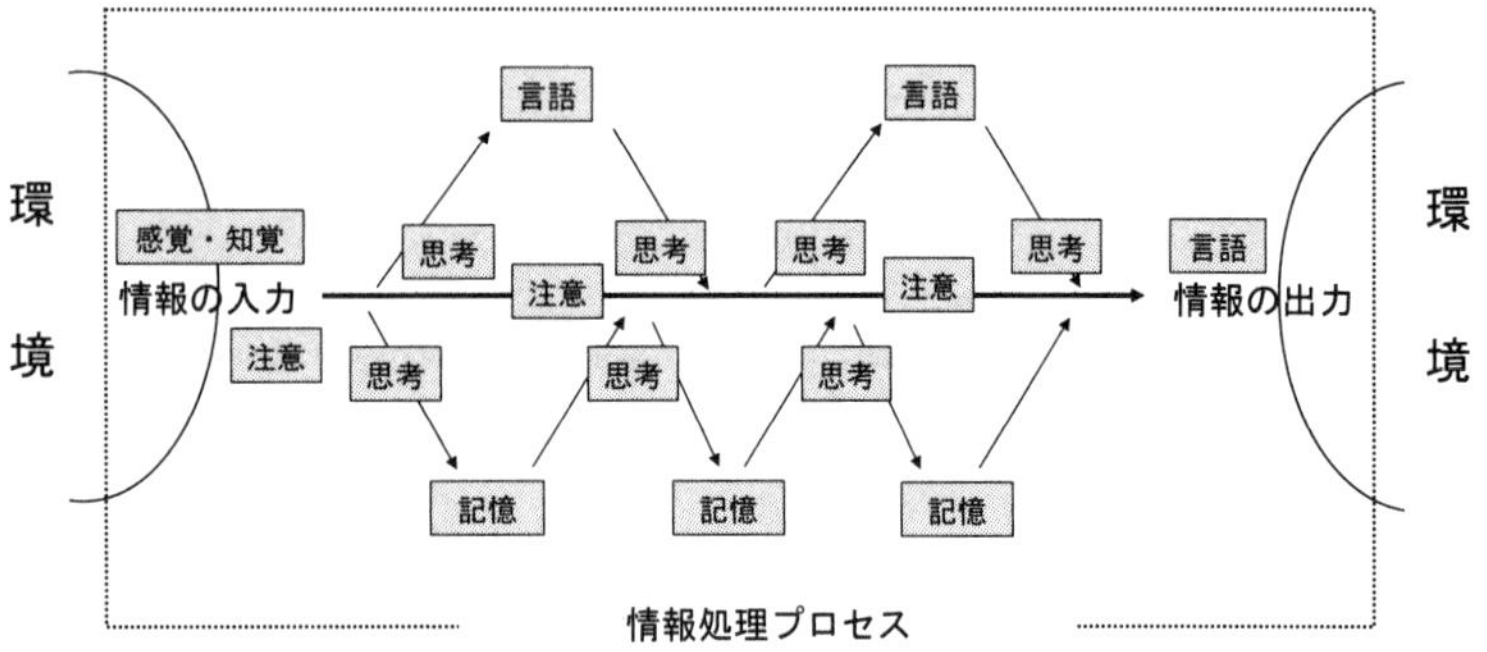

図表2　認知的な情報処理プロセスのモデル

＊■は認知機能を表す。

と感じる」には、思考の定義である「情報処理を推し進めてある状態を作り出す働き、ないしはそれに向かうプロセス」が見られない。したがって、例1、2の情報処理プロセスに思考は介在していないと理解される。他方で、「(例3)「なるほど」と納得する」、「(例4)色、葉の形などについて〝ここのもみじ〟〝あそこのもみじ〟を比べてある考えを得る」のように、「ある状態を作り出す」という意味での思考が働く情報処理プロセスがある。例4は、例文の中に「考えを得る」とあり、まさに思考そのものであることを直接的に表しているが、例3の「〝なるほど〟と納得する」も、ある状態を作り出したが故の納得であり、そこに思考が働いたと理解されるものがある。

> 思考とは、情報処理プロセスにおいて働く認知機能の一つであり、ある状態を作り出す働き、ないしはそれに向かうプロセスを指すものである

3　認知科学における代表的な思考研究――推論・問題解決・意思決定・アナロジー

認知科学では、思考の具体的なタイプをいろいろ特定して研究が進められている。本書では、中でも代表的な「推論」「問題解決」「意思決定」「アナロジー」の思考タイプを取り上げ、以下簡単に説明する。

(1) 推論

「推論（reasoning）」とは、ある命題的知識を外部から受けて、頭の内部にある規則やメンタルモデル[18]等を利用して、新しい命題的知識を導き出すこと、あるいはその過程のことである[19]。哲学の「理性」が reason という語を当てることからわかるように、推論は理性と親戚関係にある思考の中核的概念であると言ってよい。推論はいくつかある思考タイプの中で最も中核的な思考であり、この後紹介する「問題解決」「意思決定」「アナロジー」の思考タイプにおいても、そのプロセスにおいて併せ持って働く思考でもある。

認知科学の教科書・専門書では、推論の中で論理の定型的な形式が見出される「演繹推論」「帰納推論」「仮説推論」が紹介されることが多いので、ここでもそれらを紹介しておく。

①演繹推論（deductive reasoning）　利用可能な情報から論理形式に基づいて結論を導く推論である。

大前提「すべての人間は死ぬ」
小前提「ソクラテスは人間である」
結　論「ゆえにソクラテスは死ぬ」

のような三段論法はよく知られる演繹推論の形式である。必ずしも三段論法＝演繹推論となる必要はないので、ここでは演繹推論を、「もしpならばqである」などの条件を通して、経験や感情等によるバイアスを抑制して論理形式のみで判断されるあらゆる推論としておく。

②帰納推論（inductive reasoning）　複数の個別的・具体的な事象から共通性を見出し、一般的法則を導く推論である。例えば、

前提1「関西出身のA君は親切である」
前提2「関西出身のB君は親切である」
結　論「関西出身者は親切である」

のような思考である。

なお、私たちが「カテゴリー」や「概念」と呼ぶものも、帰納推論を用いた結果のものである。例えば、「アメリカ人」というカテゴリー、あるいは「アメリカ人は〜である」という概念があるとする。「アメリカ人」と同じように呼ばれる人びとの中にも、実際には様々な性格の人がいて、また人種や民

族も白人、黒人、ヒスパニック、ネイティブなど、様々な姿の人がいる。それにも関わらず、私たちはいくつかの個別的事例から共通性を見出して一般化し、「アメリカ人」というカテゴリーや「アメリカ人とは〜」という概念を作り出して彼らを理解する。

③仮説推論（abduction）

哲学者パースが、演繹、帰納に対して示した第三の推論である。例えば、

前提1「風邪をひくと熱が出る」
前提2「熱が出た」
結　論「風邪をひいた」

のように、結果から原因となる理由を考えたり仮説を見出したりする「逆もまた真なり」という推論形式である。失敗という結果から原因を探ったり、その過程で起こっている暗黙的な仮説を生成したりする仮説生成にも応用でき、科学のイノベーションに必要な推論形式として説かれることも多い[20]。

(2)問題解決

「問題解決（problem-solving）」とは、ある目標を達成する思考活動である。認知科学では、問題の状態と期待される解決の状態との間にズレがあり、その二つの状態が一致することを目指した思考を、問題解決と呼んでいる。そして、二つの状態のズレを減らしていくために状態を変化させるものを

「オペレータ」と呼んでいる[21]。オペレータという用語が入ってくると難しく感じるかもしれないが、要は解き方のようなものである。二つの状態のズレを減らし、目標へと向かう経路を導くための方法、すなわちオペレータがどの程度思い浮かべられ、適用していけるかが問題解決のすべてである。

問題解決の話は、学校の教科問題がわかりやすい。数学の関数の問題を例にして、問題解決の思考を説明しよう。

問題①は「関数 $f(x)=2x-3$ について、$f(2)$ の関数の値を求めよ」である。「$f(2)$ の関数の値」である。$x=2$ を $2x-3$ の x に代入する方法（解き方）が理解されていれば、後は「解答」に示すように計算して答えの「1」を導き出せばいい。ここでは、「$x=2$ を $2x-3$ の x に代入する方法」がオペレータと呼ばれるものであることを理解する。オペレータは、**図表3**に示すように、「関数 $f(x)=2x-3$」という初期状態から「$f(2)$ の関数の値」という最終状態（目標）へのズレを軽減していくための方法である。問題を読んで、このオペレータが思い浮かばなければ、この問題は解けない。

次に、問題②は「関数 $y=-2x+3$ $(-1 \leqq x \leqq 5)$ の最大値と最小値を求めよ」で

問題1　関数 $f(x)=2x-3$ について、$f(2)$の関数の値を求めよ。

解　答　$x=2$ のとき、

$f(2)=2 \cdot 2-3=4-3=1$

よって、答えは $f(2)=1$ となる。　（答）1

関数 $f(x)=2x-3$　——オペレータ——→　**$f(2)$の関数の値**

（初期状態）　　　　　　　　　　　　　　（最終状態[目標]）

図表3　初期状態と最終状態(目標)とのズレを軽減していく「オペレータ」

ある。最大値と最小値を求めるに当たって、①の一次関数の特徴を踏まえた上で、②の代入方法が頭に思い浮かばなければならない（オペレータ1）。そして、$x=-1$，$x=5$を代入して、一方が最小値で他方が最大値になるというように解が導かれる（オペレータ2）。ここでは、少なくとも二つのオペレータを利用して、初期状態（関数 $y=-2x+3$ $[-1\leqq x\leqq 5]$）と最終状態（その最大値と最小値を求める）のズレを軽減するべく問題解決が行われている。

　最後に、問題③は「関数 $y=x^2-2x+6$（$0\leqq x\leqq 3$）の最大値と最小値を求めよ。また、そのときのxの値を求めよ。」である。問題2と同様に、①の二次関数の特徴を踏まえて、その頂点が$0\leqq x\leqq 3$の間に存在するかを確認する必要がある（オペレータ1）。二次関数の特徴を理解していないと、問題2のように、ただxの値を代入してyを求めることになってしまう。

問題2　関数 $y=-2x+3$ $(-1\leqq x\leqq 5)$の最大値と最小値を求めよ。

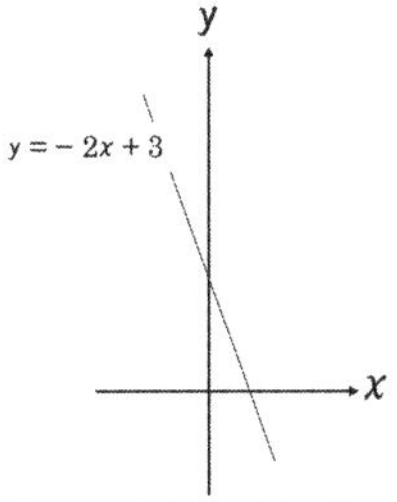

解　答

$y=-2x+3$は一次関数であるから・・・①（グラフ）

$x=-1$あるいは$x=5$の時のいずれかのyの値が最小値であり、最大値である。

$x=-1$ のとき、$y=-2\cdot(-1)+3=2+3=5$

$x=5$ のとき、$y=-2\cdot 5+3=-10+3=-7$　・・・②

①②より、

(答) 最大値は5（$x=-1$のとき）、最小値は-7（$x=5$のとき）

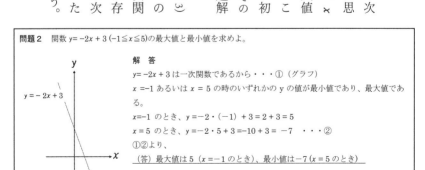

問題3　関数 $y = x^2 - 2x + 6$（$0 \leqq x \leqq 3$）の最大値と最小値があれば求めよ。また、そのときの x の値を求めよ。

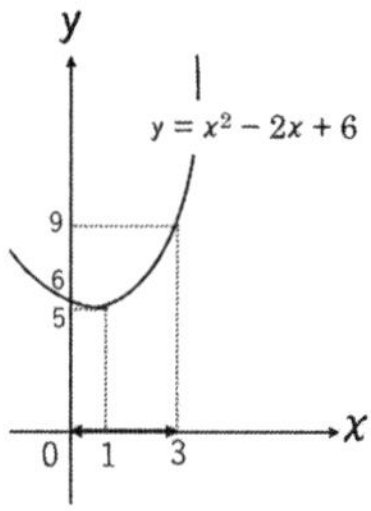

解　答

$y = x^2 - 2x + 6$ は二次関数であるから・・・①（グラフ）

平方完成して頂点を求める。

$y = x^2 - 2x + 6 = (x-1)^2 + 5$

頂点は（1, 5）である。・・・②

関数に x の値を代入して、$x = 0$ のとき、$y = 6$

$x = 3$ のとき、$y = 9$　・・・③

②③より、

（答）最大値は $y = 9$（$x = 3$）　最小値は $y = 5$（$x = 1$）

そして、頂点が $0 \leqq x \leqq 3$ の間に存在することを確認して、関数に x の値を代入して③を求める（オペレータ2）。②③より（オペレータ3）、「最大値は $y = 9$（$x = 3$）　最小値は $y = 5$（$x = 1$）」という解が導かれる。ここでは、少なくとも三つのオペレータを利用して、初期状態（関数 $y = x^2 - 2x + 6$［$0 \leqq x \leqq 3$］）と最終状態（最大値と最小値を求めよ。また、そのときの x の値）のズレを軽減するべく問題解決が行われている。

以上三つの問題を見たが、そこで示したオペレータの数は便宜的に示したものであることを断っておく。一般的に人は、思考を問題解決に向けて、初期状態から最終状態へのズレを軽減するための大小いくつものオペレータを用いている。そして、オペレータを用いる時には、情報処理の過程で明に暗に、こういう方法（オペレータ）で解けばいいといった「ヒューリスティックス[22]」や、こういう問題の時にはこういう風に解けばいいといった決まった解き方のパターンやタイプを理解する「スキーマ[23]」などの認知機能を作動させている。ヒューリスティックスやスキーマは、2で紹介した認知機能（感覚・知覚、記憶、思考、言語、注意）の下位システムとも呼べる機能である。

(3)意思決定

例えば、会議やあるプロジェクトで大きな判断をしなければならない時がある。いずれの選択肢にもメリット、デメリットがあって、さっと「これで行こう！」と決められない。しかし、一つ選択しなければならない。このような状況で、複数ある選択肢の中から何かを選ぶ時に働く思考活動が「意思決定（decision making）」である[24]（図表4）。お昼に何を食べようかと考える。お弁当を買って職場で食べるか、外のお店に行くか。お店に行くなら、そばかラーメンか、とんかつか。こんなことも意思決定の場面である。

複数ある選択肢の中から、人はどのような機制に従ってある一つの選択肢を選ぶのかは、認知科学における意思決定の研究の代表的課題である。例えば直感で決めるのか、選択肢がもつ属性の価値や重要度を考えて選択するのか（昼食の例で言えば、いくらかかるか、カロリーや栄養はどの程度か、店が混んでいるかなど）、物事を決める時のいつものルールや基準に従うのか。このような意思決定の機制について研究がなされている。

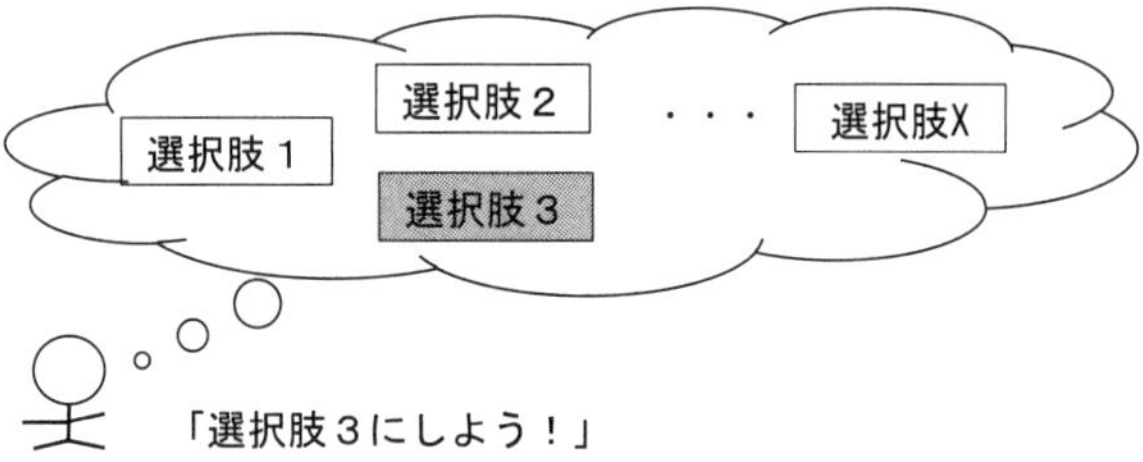

図表4　意思決定のイメージ

⑷アナロジー

「アナロジー（analogy）」は、ある事柄X（ターゲット）が自分のよく知るY（ソース）と似ていると判断して、Xの特徴はYの特徴と同じか、似たようなものと考えることである[25]。平たく言えば、よく知っていることから連想して、知らないことを考えたり理解したりすることである。帰納推論の一種であり、「類推」とも訳される。

理科教育では、電流を子供たちがよく知る水の流れをイメージして考えさせることがあるが、これはアナロジーを用いたわかりやすい例である。**図表5**のように、ポンプからくみ上げられた水が高い位置から流れ出る。傾斜の下には流れを邪魔する水車があり、水車を通った水は流れにまかせてポンプまで戻り、再びポンプにくみ上げられる。ここでは、水路における落差が「電圧」に相当し、水の勢い（1秒間に流れる水の量）が「電流」に相当する。水の勢いを邪魔する水車は「電気抵抗」に相当する。こうして、落差（電圧）が大きいほど水の勢い（電流）は大きくなるが、水車（電気抵抗）が邪魔をするから、最終的には落差

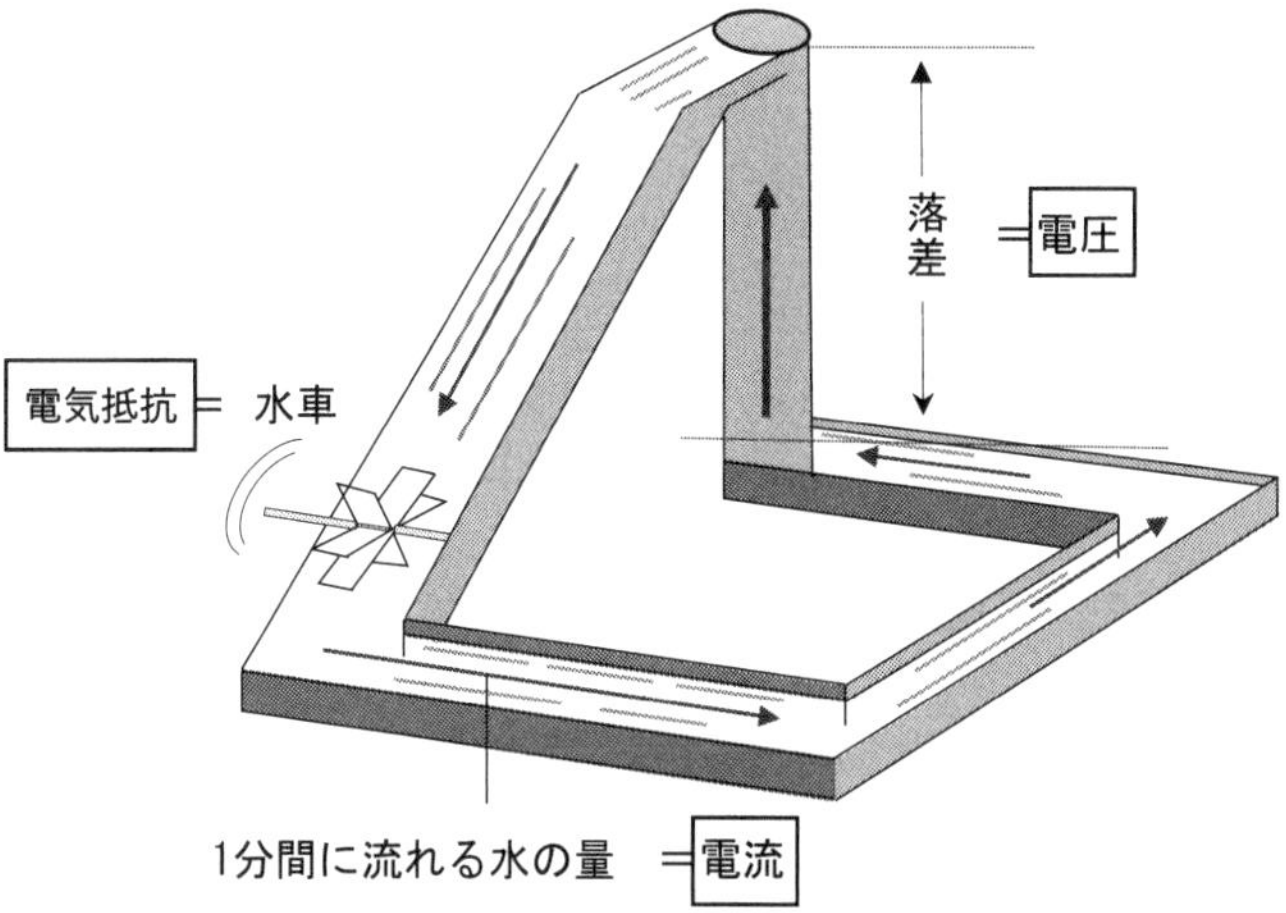

図表5　流れる水にたとえて電流の流れ方を理解する（アナロジーの例）

と水車の関係から水の勢いの大きさが求められると教えられる。

言葉には比喩表現がある。例で紹介したたとえを用いたソースとターゲットとの対応づけ（水の流れ→電流の流れ）は、言葉の比喩表現と同じである（電流の流れは水の流れのようなものだ）。「彼は太陽のように明るい子だ」「人生はドラマである」なども比喩表現であり、アナロジー（的思考）と同義となる。

しかし、アナロジーは思考の一タイプなので、「水と電流」「太陽と明るい」「ドラマと人生」のような一対一対応の比喩以上のものでもある。例えば**図表6**のように、「高級車」「高収入」「高い地位」「高尚な趣味」などの事象を帰納推論して「空間上の高い位置がポジティブ」といったイメージを作り、それをソースとして彼の出世を「頂点に上り詰め」たと理解する。ここでの「頂点」は「高い」から類推されており[26]、帰納推論との組み合わせによるより複雑な思考となっている。

4　ドラマ等から「思考」の具体例を理解する

本節では、以上説明してきた情報処理プロセスとしての「思考」をより具体的なイメージをもって理解するために、ドラマや映画、新聞記事等のセリフや場面を具体例にして説明する。各例には簡略化した図を付けたので、それを見ながら事例を読んでいただきたい。

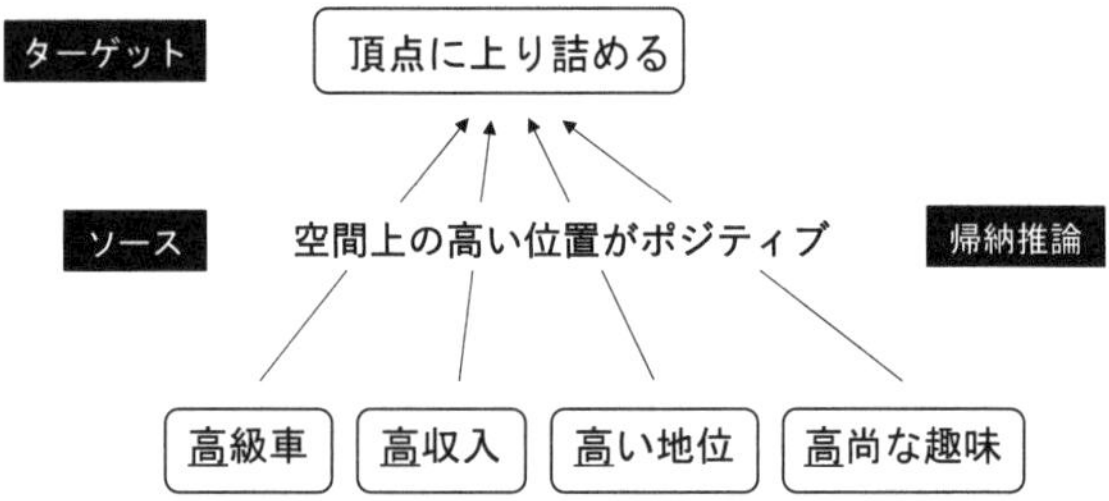

図表６　事象を帰納推論してソースを作り上げたアナロジー

★「あれこれ考えても何も見えてこなくて」……

考えなければならない問題（情報の入力）について情報処理（思考）を進めるが、解（情報の出力）にたどり着かない。

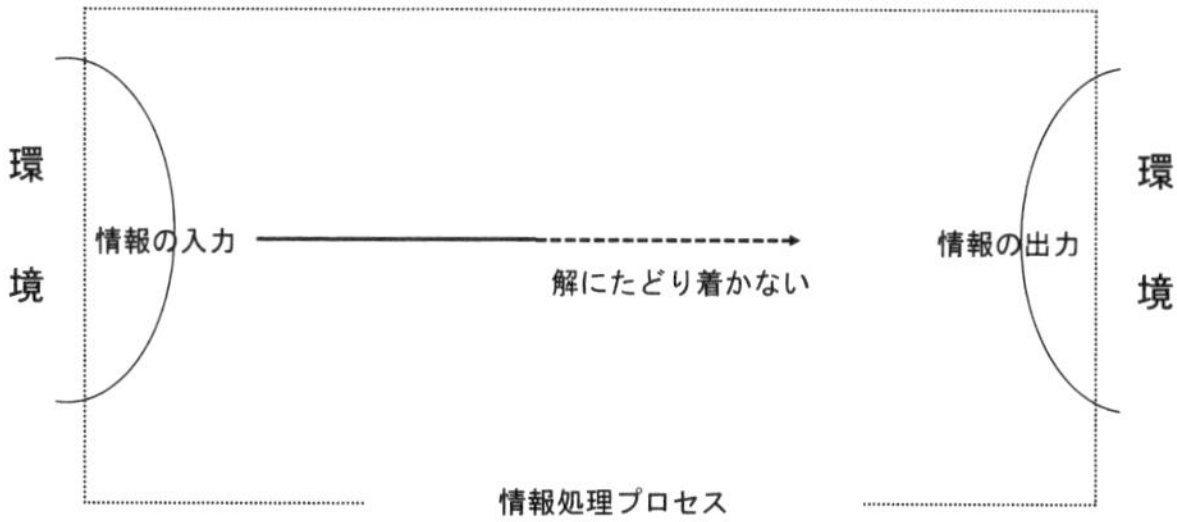

★「何も考えなくていいから」……「情報処理を進めるな」と言われている。

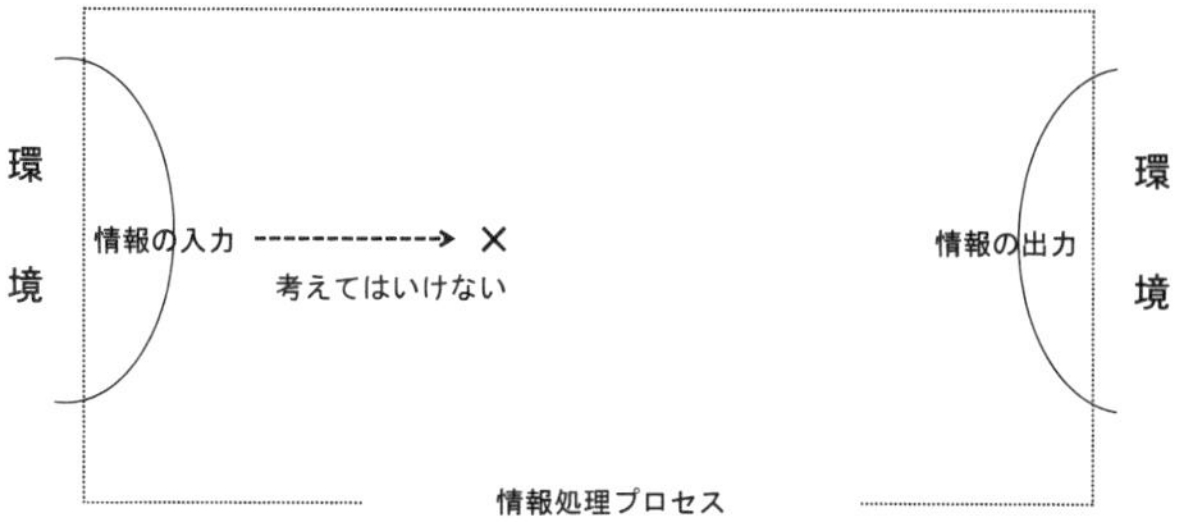

★「どう考えても、この問題は～としか考えられない」……ある問題（情報の入力）について情報処理（思考）を進める結果（情報の出力）が、何度行っても同じになる。

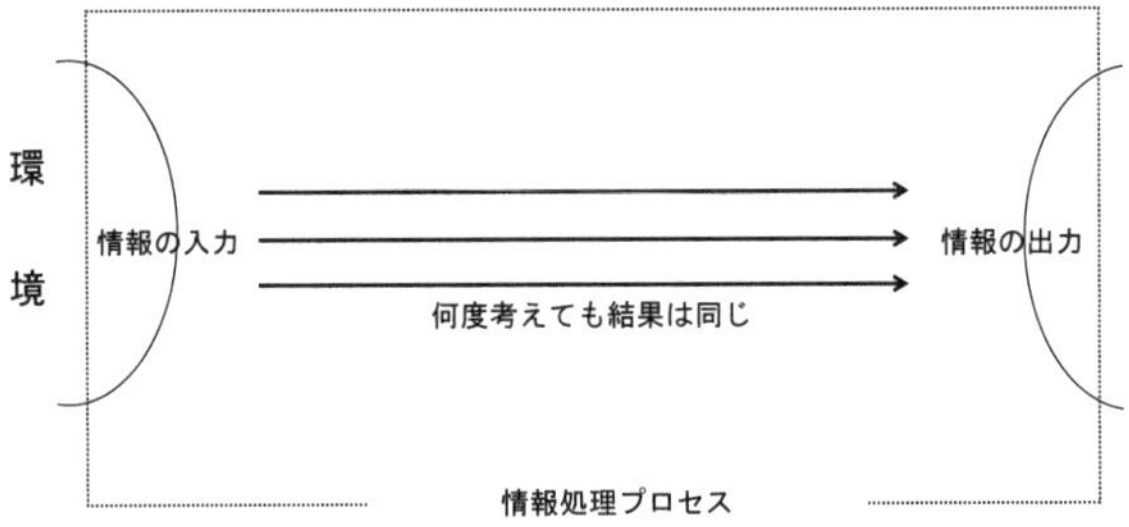

★「～を我が社に提供してほしい」「イヤだ」「考え直してくれませんか」……もう一度初めから情報処理（思考）をしてくれませんかと求めている。

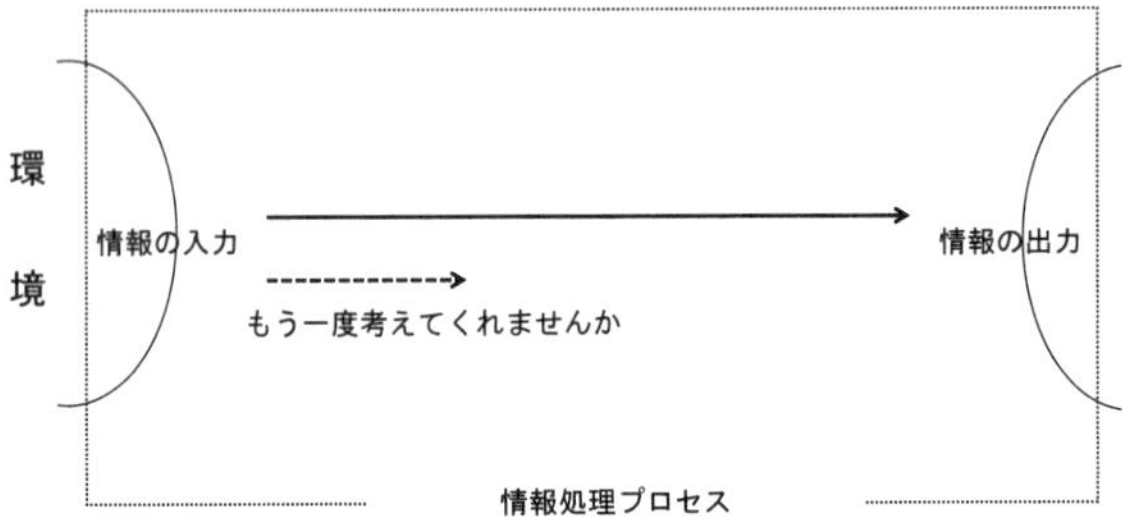

★「この手術は全部で○手。難しい手術というのは、ステップが多いだけ。一つ一つほぐして解決していけば、手術は成功する」……これは問題解決としての思考（3⑵を参照）について述べているものである。手術すべき問題・初期状態（情報の入力）があり、成功と見なされる結果・最終状態（情報の出力）がある。その間のズレを軽減させていくための「オペレータ」（手術の方法）はどのようなもので、その結果、全工程に何ステップ必要であるかを考えて可視化すればいいだけのことだと話している。一つ一つのステップをすべてクリアーすれば、手術は成功すると考えられている。

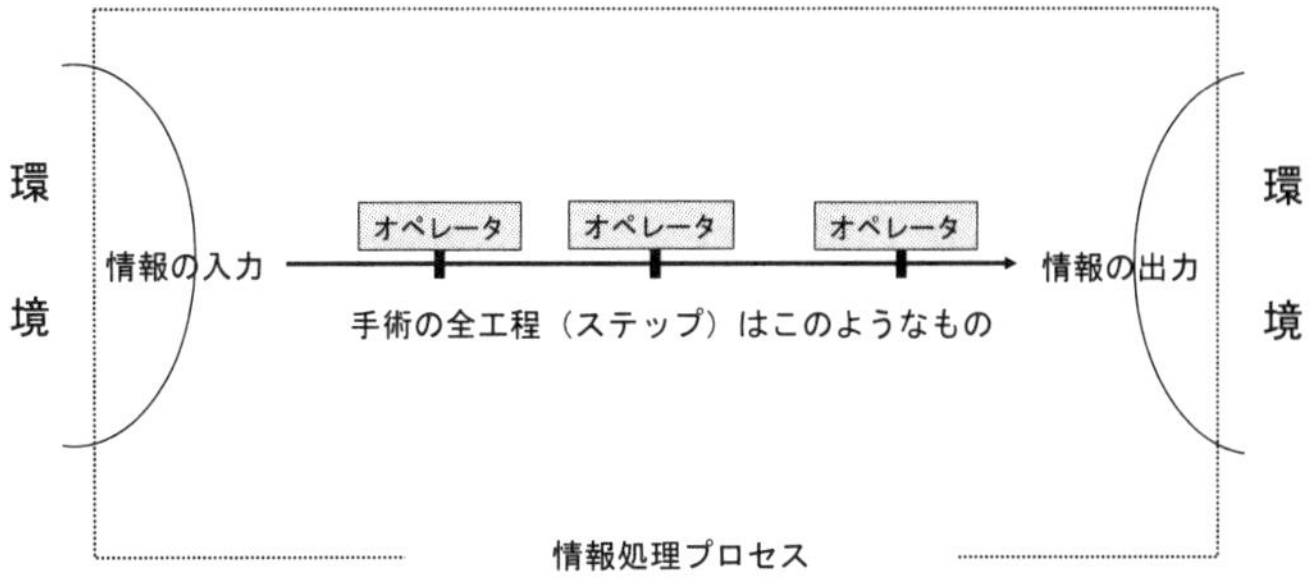

★「様々な人の考えに触れて、思考を深めよう」

……様々な人の考えを受けて（情報の入力）、「記憶」にある自身の理解と照合する。その結果、ズレがあれば、そのズレを軽減させて（思考）、自身の理解を新たに更新する（情報の出力）。このように、新たに入力された情報を基に新しい思考を作っていくこと（情報処理）が「思考を深める」ということである。

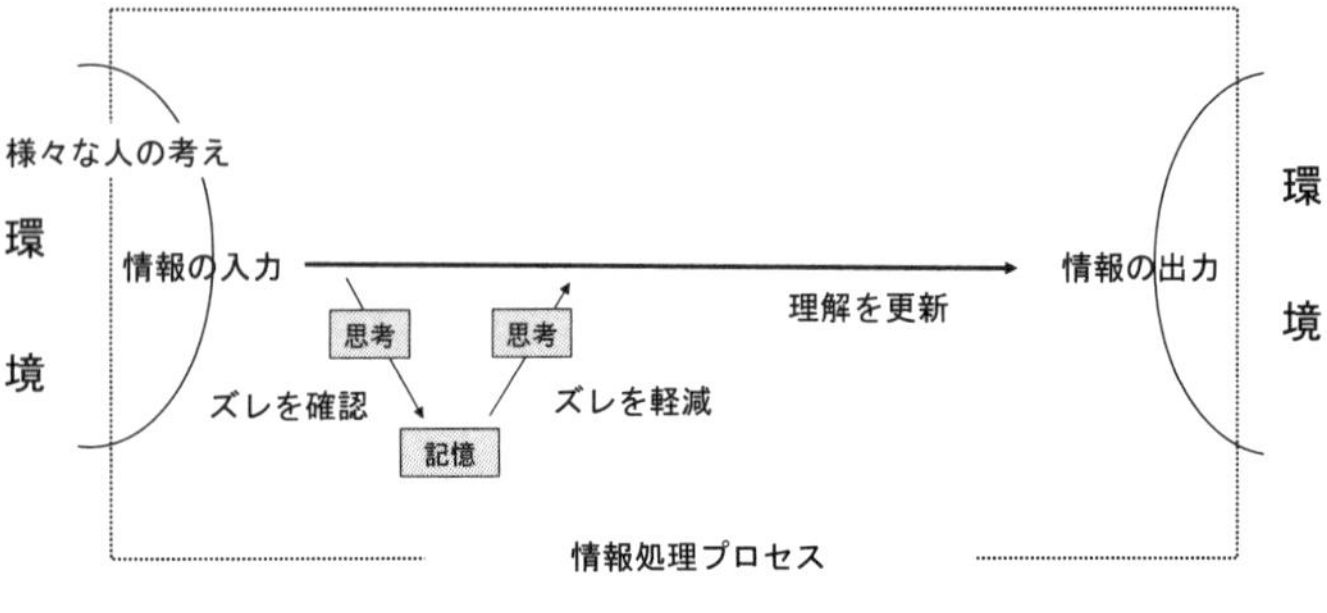

★「今日Aさんと会って～を検討します」「～の資料を用意しておいてくれた?」「あっ、しまった」……「資料を用意する」というステップを飛ばして、「Aさんと～の検討を行う」ことに関する一連の思考を仕上げてしまった例である。

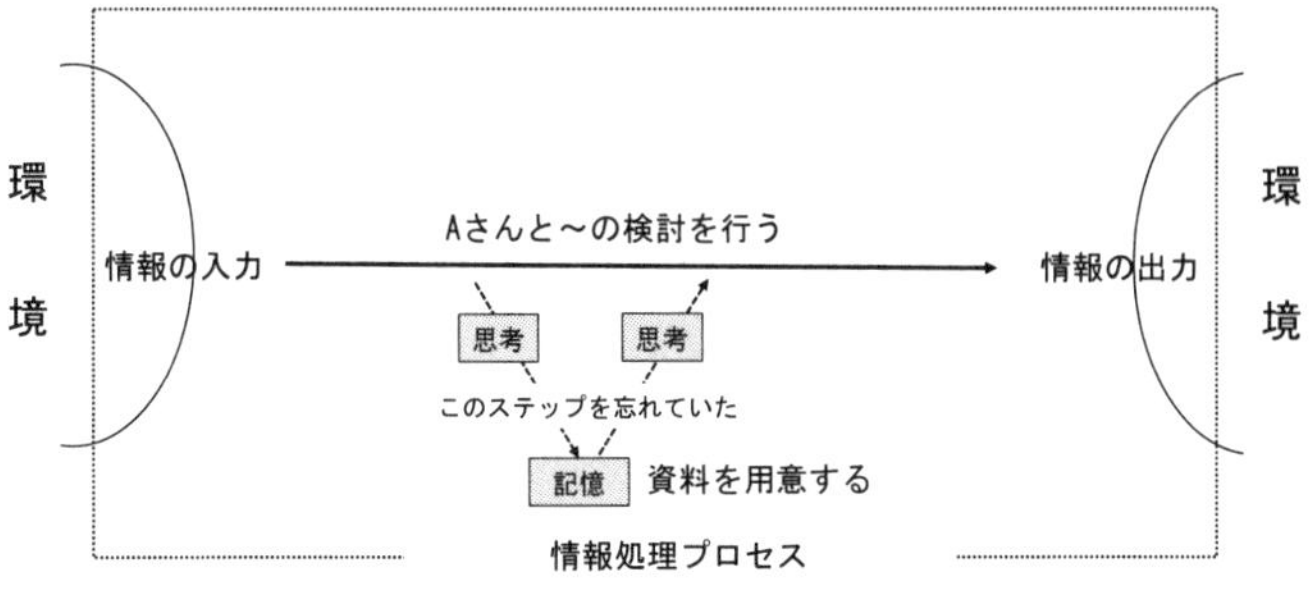

★『名手坂本の思考力―無駄のない走り　俊敏性チーム1』と題する新聞記事で、次のように坂本勇人選手について評されている。

「攻守に優れ、主将としてリーダーシップも発揮する坂本勇人（中略）一つの測定からうかがえる能力の高さがある。（中略）俊敏性を測るテストだ。まず5メートル走り、そこから反転して10メートルダッシュ、再び切り返して5メートル走って元の位置に戻るというもの。このテストのタイムでは、坂本がチームトップだという。広い守備範囲をカバーする遊撃手として、第一線で活躍する裏付けにもなっている。ところが、坂本は20メートル走は、特別速くない。脚力などの身体能力の比較だけでは、坂本が俊敏性のテストでトップになる説明がつかないそうだ。久村氏は「（坂本は）ほかの選手がやっているのを観察して、こうすればいいと分析している」とみる。やり方を理解せず、反転の際にタイムをロスする選手もいる。その中で坂本は、自主トレーニングなどで強化し

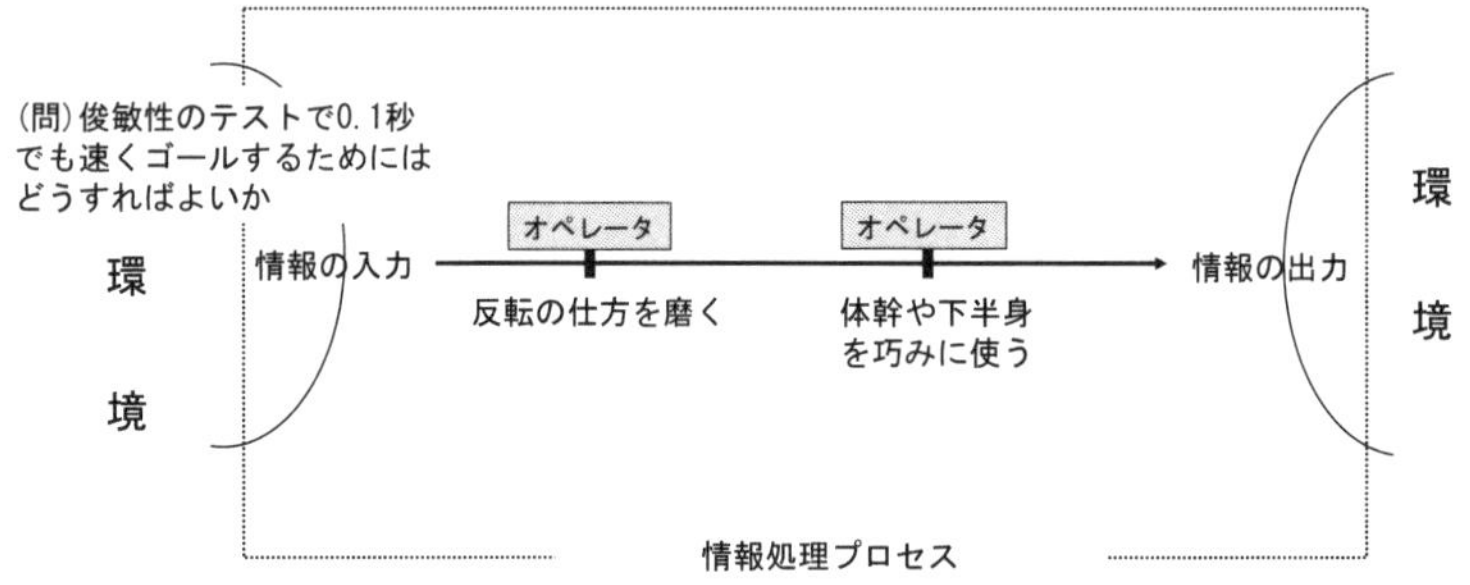

た体幹や下半身を巧みに使って、無駄なく走りきる。求められている課題を自分なりに分析し、最善手を打つ能力の高さが見て取れる。これが試合での様々なプレーに通じている。」（『読売新聞』二〇二二年九月六日）……記事から読み取れる坂本の思考力とは、「問題解決」としての思考力である(3(2)を参照)。つまり、「俊敏性のテストで0.1秒でも速くゴールするためにはどうすればよいか」という問題を解決するために、「反転の仕方を磨く」「体幹や下半身を巧みに使う」といったオペレータを用いて初期状態と最終状態のズレを軽減させるものである。もちろん、そのオペレータが実際の問題解決に活かされるためには、体幹や下半身等を鍛え、ダッシュ、反転を何度も行い、思考結果とテスト結果がマッチしていくように微修正を重ねる練習が必要である。ここでは、「練習」の手前にある思考を問題としている。

5　二つの異なる状態が措定され、その間の情報処理形式を問う思考タイプ

2では、思考を「情報処理を推し進めてある状態を作り出す働き、ないしはそれに向かうプロセス」であると定義した。しかし、情報処理を推し進めてある状態を作り出すためには、「もとの状態」が起点として措定されなければならない。その上で、その二つの異なる状態を結び、新たな状態を作り出す情報処理が思考であるということになる。

問題解決は、定義の段階でこの二つの異なる状態を明確に措定して、両者のズレを埋める情報処理であると説明される思考タイプである。つまり、3(2)で問題解決は、「ある目標を達成する思考活動である。認知科学では、問題の状態と期待される解決の状態との間にズレがあり、その二つの状態が一致することを目指した思考を、問題解決と呼んでいる」と説明された。

ここには二つのポイントがある。一つは、「起点」としての問題の状態と「終点」として期待される解決の状態の二つの異なる状態が措定されていることである。もう一つは、二つの異なる状態を「ズレ」と見なし、そのズレを埋めるように情報処理を推し進めることである。この二つが成り立つ時、その思考は「問題解決」(的思考)と見なされることになる。ここで問題にするのは一つ目のポイントである。

一つ目のポイントを適用すると、演繹推論は、起点としての「(大前提)すべての人間は死ぬ」「(小前提)

ソクラテスは人間である」から終点としての「(結論)ゆえにソクラテスは死ぬ」へと導かれる情報処理形式を問う思考タイプであると理解される。同様に帰納推論は、起点としての「(前提1)関西出身のA君は親切である」「(前提2)関西出身のB君は親切である」から、終点としての「(結論)関西出身者は親切である」へと導かれる情報処理形式を問う思考タイプであると理解される。意思決定は、起点としての複数ある「選択肢1〜X」から終点として一つの選択肢(選択肢3)を選び取る情報処理形式を問う思考タイプであると理解される。アナロジーは、起点としての「ある事柄(X)」から終点として自分のよく知る「Y」を似ていると見る情報処理形式を問う思考タイプであると理解される。三段論法のような、それ自体で厳密な論理構造を問う形式であるかは別として、これらの思考タイプはいずれも、起点から終点へ至り新たな状態を作り出す情報処理形式を問うという点で共通している。

注

8　大淵和夫(2012). 理性　思想の科学研究会(編)新版 哲学・論理用語辞典 新装版　三一書房　p.390

9　清水哲郎(2002). 理性　永井均・中島義道・小林康夫・河本英夫・大澤真幸・山本ひろ子・中島隆博(編)事典・哲学の木　講談社　pp.980-982

10　大淵(2012)を参照

11　楠見孝(2011). 批判的思考とは―市民リテラシーとジェネリックスキルの獲得―　楠見孝・子安増生・道田泰司(編)　批判的思考力を育む―学士力と社会人基礎力の基盤形成―　有斐閣　pp.2-24

12 中道圭人 (2005). 幼児における演繹推論研究とそのプロセスモデル　東京学芸大学学校教育学研究論集, *11*, 1-11.

13 ベイトソン (2000) の学習階梯論では、人が学習ゼロ（機械的に連合学習すること）、学習Ⅰ・Ⅱ（古典的・試行錯誤的な条件付け）を超えて、事象の意味を捉えて自己やパーソナリティの構造化・再構造化をはかる「学習Ⅲ」が説かれる。これも、認知科学の視座で考えれば、人は学習Ⅲのプロセスにおいて、入力した情報から思考を行い、（意味）記憶を変容させる情報処理を行ったものとして理解される。ベイトソン, G. (著) 佐藤良明 (訳) (2000). 精神の生態学 [改訂第2版]　新思索社

14 楠見 (2018)、鈴木 (2020) を参照。楠見孝 (2018). 批判的思考への認知科学からのアプローチ　認知科学, *25*(*4*), 461-474. 鈴木宏昭 (2020). 認知バイアス―心に潜むふしぎな働き―　講談社ブルーバックス

15 西川・林・入野 (2017)、阪井・高橋 (2017) を参照。西川洋行・林里織・入野和朗 (2017). 行動経済学的手法による産学官連携事例の分析　研究・イノベーション学会年次学術大会講演要旨集, *32*, 866-869. 阪井和男・高野陽太郎 (2017). 後知恵バイアスが隠蔽する創造性―企業イノベーションにおける２つの創発メカニズムの解明：戦略行動による組織文化の創発と場による戦略行動の創発―　横幹, *11*(*1*), 32-51.

16 鈴木 (2016), p.16。鈴木宏昭 (2016). 教養としての認知科学　東京大学出版会

17 思考以外の認知機能の説明は、御領 (2016) による (pp.5-6)。思考は、「広義には高次認知過程のほぼすべてにかかわる心の働き」(鈴木, 2002, p.332) とされながら、他方で狭義に、推論、問題解決、意思決定等であると定義されることが一般的のようである (ほか山, 2021)。ここでは、狭義の定義を広義に概括して、また本書の議論の展開を見据えて「情報処理を推し進めてある状態を作り出す働き、ないしはそれに向かうプロセス」と定義した。御領謙 (2016). 認知心理学について　御領謙・菊地正・江草浩幸・伊集院睦雄・服部雅史・井関龍太　最新 認知心理学への招待 [改訂版] ―心の働きとしくみを探る―　サイエンス社

pp.1-17、鈴木宏昭（2002）．思考　日本認知科学会（編）認知科学辞典　共立出版　pp.332-333、山祐嗣（2021）．思考　子安増生・丹野義彦・箱田裕司（監修）有斐閣 現代心理学辞典　有斐閣　pp.294-295

18 「メンタルモデル（mental model）」とは、広義には、人の思考や生起する事象などについて、どのような機制や仕組みでそれが起こるのかを理解し、ある状況に対してそれがどのような機制や仕組みで起こっているのかを推測する心的表象のことである（*cf.* 須藤，2021）。須藤昇（2021）．メンタルモデル　子安増生・丹野義彦・箱田裕司（監修）有斐閣 現代心理学辞典　有斐閣　p.746

19 服部（2021）を参考にして定義している。服部雅史（2021）．推論　子安増生・丹野義彦・箱田裕司（監修）有斐閣 現代心理学辞典　有斐閣　pp.415-416

20 堀井（2012）、p.44。堀井秀之（2012）．社会技術論―問題解決のデザイン―　東京大学出版会

21 鈴木（2016）、p.156

22 「ヒューリスティックス（heuristics）」とは、思考における簡便で直感的な方略を指す（山，2021）。山祐嗣（2021）．ヒューリスティック　子安増生・丹野義彦・箱田裕司（監修）有斐閣 現代心理学辞典　有斐閣　pp.653-654

23 「スキーマ（schema）」とは、長期記憶に貯蔵されている知識の中で、体制化され、構造化された一般知識を指す（邑本，2021）。邑本俊亮（2021）．スキーマ　子安増生・丹野義彦・箱田裕司（監修）有斐閣 現代心理学辞典　有斐閣　pp.417-418

24 鈴木（2016）、pp.165-169

25 鈴木（2016, 2021）、羽野（2000）を参照。鈴木宏昭（2021）．類推　子安増生・丹野義彦・箱田裕司（監修）有斐閣 現代心理学辞典　有斐閣　pp.795-796、羽野ゆつ子（2000）．アナロジーにおける説明 - 発見機能及び収束 - 拡散機能―創造的思考の研究に向けて―　京都大学大学院教育学研究科紀要，46, 157-169.

26　鈴木（2016）、p.131

第2章　二つの思考様式――インサイドアウト思考とアウトサイドイン思考

第1章を踏まえて、本章では現代的なインサイドアウト思考へと論を発展させていく。

思考とは「情報処理を推し進めてある状態を作り出す働き、ないしはそれに向かうプロセス」と定義された（第1章2⑵）。そして、この定義を、起点と終点という二つの異なる状態を結ぶ情報処理（プロセス）と置き換えたのが、前章の最後のまとめである（第1章5）。推論や問題解決などは、情報処理の起点から終点へと至る、情報処理形式が異なるいくつかの思考タイプであり、そうしてそのような思考タイプが認知科学的に研究されてきたと理解した。

しかし、これだけでは、起点があり何かしらの達成を目指しているが、どのような終点に向かっているのかがわからない、そのような思考を扱うことができない。その思考様式こそが本書がテーマとする「インサイドアウト思考」である。

1　インサイドアウト・アウトサイドインとは

インサイドアウト思考は、アウトサイドイン思考との対比で理解される様式であるから、両思考をセットで説明していく。

「インサイドアウト（inside-out）」「アウトサイドイン（outside-in）」とは、内側から外側へ、あるいは外側から内側へ、といった始点と終点とのターン（ひっくり返し）を説明するときに用いられる力学（ダイナミックス）概念である。この概念を使用する醍醐味は、内側か外側かのいずれにポジショニング[27]するかによって、同じ他との関係性や相互作用でも、その意味や機能がまったく異なることを表すことである。

例えば浜口[28]の間人主義論では、自身の目標や考え（内側）にポジショニングして相手（外側）と交渉する行為を「インサイドアウト型」、相手の立場（外側）にポジショニングしてそこに自身の欲求や目標（内側）を合わせる行為を「アウトサイドイン型」であるというように用いられる。前者は西洋人の内から外へという個人主義の力学を表しており、後者は、日本人の外から内へという間人主義の力学を表している[29]。

飛行機の操縦でインサイドアウト・アウトサイドインは、次のように用いられている。コックピットで示される機体の横揺れを示すディスプレイには、大きく二つのタイプがある。一つは「インサイドアウト・ディスプレイ」と呼ばれ、それは機体（内側）を中心で固定して地面（外側）で機体の横揺れを示すものである。例えば、パイロットが機体を左に傾ければ、ディスプレイ上では地面は右に傾く。それは、パイロットの知覚にもとづいた視界の動きをディスプレイ化するもので、パイロットの取るポジショニングが自身の内側にあることを示している。その意味で「インサイドアウト」と呼ばれる。他方、「アウトサイドイン・ディスプレイ」と呼ばれるものは、地面（外側）を固定して機体（内側）の動きで横揺れを示す。パイロットは機体の横揺れを確認するとき、上や下を見て、それとの関係で機体の横揺れを見ることがある。アウトサイドイン・ディスプレイは、パイロットのこの目の動かし方をディスプレイ化する。ここでのパイロットの取るポジショニングは、自身の内側ではなく、機体の上や下（地面）、すなわち自身より外側にある。その意味で「アウトサイドイン」と呼ばれる。

他にも、「7つの習慣」で有名なコヴィ[30]も、前述の意味で、「インサイドアウト」「アウトサイドイン」を用いている。

2　インサイドアウト思考・アウトサイドイン思考とは

人の頭の中の「内」なる認知的な情報処理を「インサイド」、情報処理の結果、「外」に出力された状態を「アウトサイド」と措定する。その上で、「インサイドアウト思考(inside-out thinking)」を、「入力された情報(情報処理の起点)にポジショニングをして、そこからある情報を生み出す情報処理の初発プロセスを問題とする思考様式である」と定義する(**図表7**の上段)。何かしらの情報を「外」に向かって出力することを目的として「内」なる思考を推し進めるが、どこに向かっているか、どのような情報を出力するかはわからない中で進められるものである。俗っぽく言えば、「自由にいろいろ考えてみよう」「考えを作っていこう」という形で行われる思考のことである。

それに対して「アウトサイドイン思考(outside-in thinking)」は、「出力された情報、あるいは情報処理の途中であってもそこまで推し進められた情報(情報処理の終点)にポジショニングをして、起点から終点に至るプロセスを問題とする思考様式である」と定義する(**図表7**の

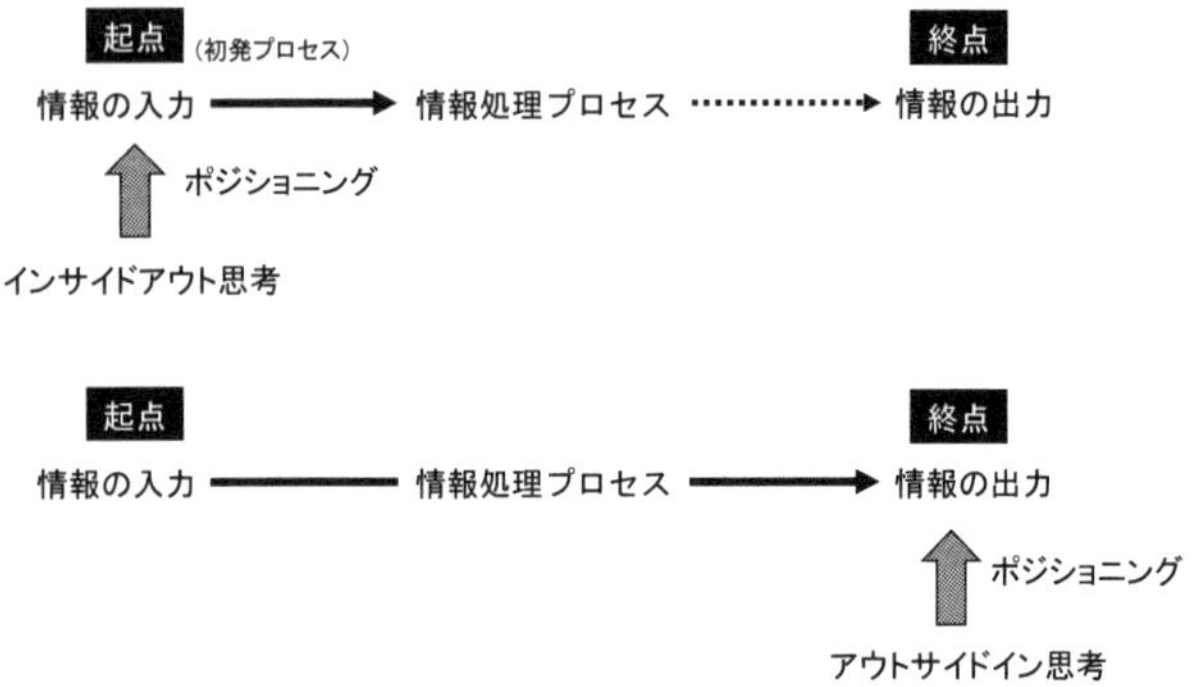

図表7　ポジショニングの違いによって力学が異なるインサイドアウト思考、アウトサイドイン思考

下段）。認知科学で説かれてきた思考タイプ（推論や問題解決、意思決定、アナロジー）のように、起点から形式的なプロセスを辿って目指される終点までの情報処理プロセスを問題とするものもあれば、この後紹介する論理的思考、批判的思考のように、終点から手前の情報処理プロセスを分析的に遡って、起点から終点までの情報処理プロセスを問題とするものもある。いずれの場合でも、インサイドアウト思考と違って、終点がある程度見定められたところで推し進められる思考様式であることが特徴である。

これはインサイドアウト思考、あれはアウトサイドイン思考といったように、思考全体をいずれかの思考様式で峻別していくことは実際的ではないことが多いので、この点には留意したい。実際には、インサイドアウトで思考を始めながらも、途中で推論や問題解決、意思決定、アナロジー、論理的思考などの様々な種類のアウトサイドイン思考を複雑に組み合わせて思考を推し進めることが多い。**第４章５⑷**の批判的思考を通して紹介するような、アウトサイドイン思考の中からインサイドアウト思考が創発することもある。あくまで、一連の思考（情報処理）プロセス、ないしはその一部を取り出した時に認められるインサイドアウト思考・アウトサイドイン思考という思考様式を視座として、様々な思考論を分析的に、大きく理解していくことが肝要である。

3　アウトサイドイン思考の代表例——論理的思考と批判的思考

思考と言えば「論理的思考（logical thinking）」がまず挙げられるほど、人は思考（情報処理）プロセスにおける論理的秩序を長い歴史の中で問題としてきた。哲学で二〇〇〇年以上にわたって論じられてきた理性も、論理的・推論的に思考することを問題とし（**第1章1**）、認知科学の推論的思考も、演繹的・帰納的推論を始めとして、三段論法や論理的な情報処理形式を問題とした。「合理的（rational）」な思考と呼ばれるものもこれらとほぼ同義である。これらはすべて、「論理的思考」とまとめられるものである。

本節では、近年の思考論の異なる大きな潮流としての「批判的思考（critical thinking）[31]」を加えて、これまでの思考論における代表的思考タイプとして論理的思考、批判的思考を説明する。そして、それらがアウトサイドイン思考の代表的な思考タイプであると論じていく。

(1) 論理的思考とは

学校教育における国語教育の思考力育成において、論理的思考は真っ先に問題となるものである。論理的思考がいかなるものかもわかりやすく説かれている。学校教育の中で早くからこの問題に取り組んできた井上[32]は、論理的思考と呼ばれるものについて、

①形式論理学の諸規則にかなった推理のこと
②筋道の通った思考、つまりある文章や話が論証の形式（前提─結論、または主張─理由・根拠という骨組み）を整えていること
③直感やイメージによる思考に対して、分析、総合、抽象、比較、関係づけなどの概念的思考一般のこと

の少なくとも三つの用いられ方があると述べる。そして、国語教育の論理的思考を狭義の①だけでなく、実際の指導目的に照らして②③まで拡げて広義に捉えて育成すべきだと考える。本書もこの考え方に則って、以下を論じていく。

井上はまず、この意味での論理的思考について、語の意味や関係性、示す範囲を説く。主なものを四点紹介する。

第一に、種類関係（上位・下位概念）や抽象（一般）・具体（特殊）の関係が理解されているかである。例えば、上位概念としての「季節」の下位概念は「春」「夏」「秋」「冬」である。同様に、「天気」の下位概念は「晴れ」「曇り」「雨」などである。文章の読解や議論や討論において、抽象度の高い言葉（上位概念）が具体的に何を指しているか（下位概念）を推測、理解しながら進めることは重要な論理的思考の作業である。なお、「概念」あるいは「カテゴリー」と呼ばれる言葉が帰納推論を用いた結果のものであることは、**第１章３⑴**で、「アメリカ人」（カテゴリー）や「アメリカ人とは～」（概念）を例に

して説明しているので、確認してほしい。

第二に、話の示す範囲と意味内容（その後で何が含まれ何が含まれないか）を押さえられているかである。ある言葉の定義やその語の示す範囲（外延）やその意味内容（内包）を押さえながら理解することが重要である。

外延や内包は論理学の用語であり、簡単に説明しておく。河原[33]は、所属事例に共通する性質を抽象化して概念化されるものを、論理学の用語を用いてカテゴリーの「内包（connotation）」と呼んでいる。内包とくれば「外延（extension）」である。外延とは、概念化されたカテゴリーを個別のものや事象に当てはめることである。例えば、**図表8**に示すように、特徴A、B～Xをもって概念化されるカテゴリーAを適用して、ものや事象A、B、C、E、Fが理解される。ものや事象DとGにこのカテゴリーAを適用することができず、別カテゴリー（NOTカテゴリーA）のものや事象と理解される。

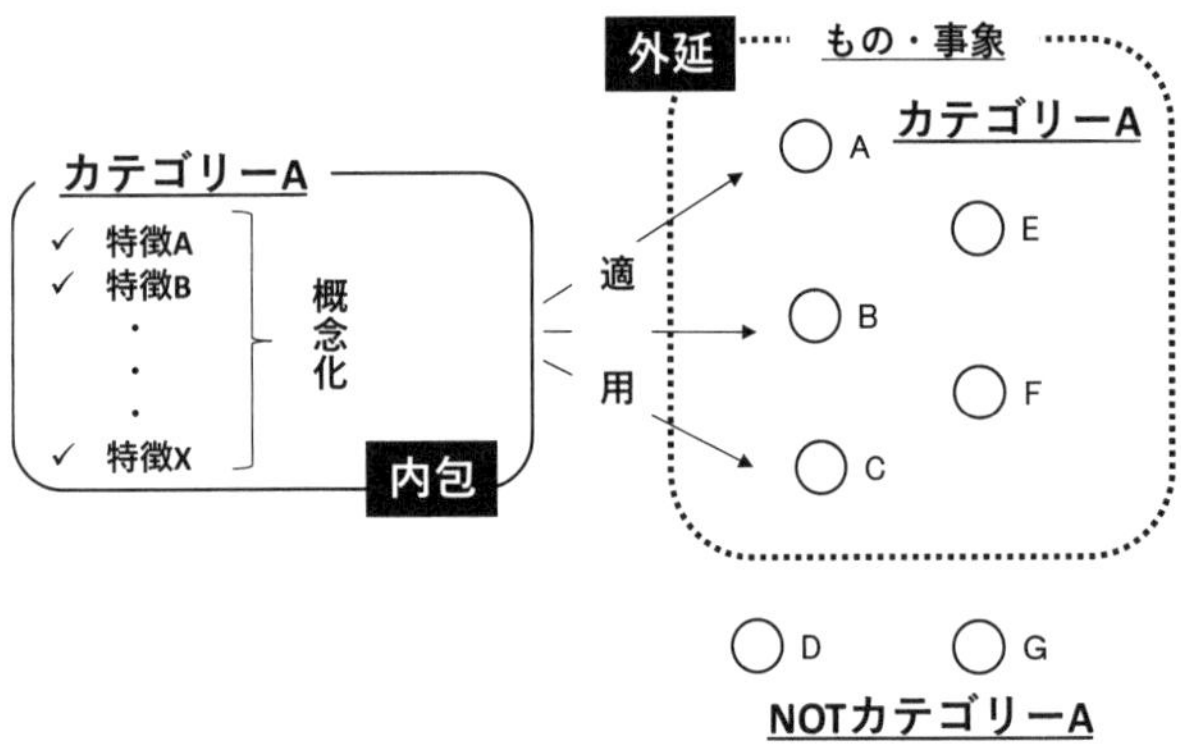

図表8　カテゴリーの内包・外延

内包と外延という見方は、ものや事象をあるカテゴリーでうまく理解できない時に有用である。というのも、人は概念化されたカテゴリーをものや事象に当てはめて理解すると言っても、実際にはうまく当てはめられないものや事象が世の中には数多く存在するからである。その最たる身近な例の一つは、症状を診てある病名をつける医者の診断行為であろう。症状が典型的で特徴的である場合には病名を容易に特定することができるが、複数の特徴が複雑に絡んで症状化している場合には、一つの病名を当てることが難しく、誤診となる場合があるのはよく知られることである。ものや事象の特徴（症状）を診てカテゴリー（病名）を当てようとする医者の診断行為において、ものや事象と概念・カテゴリーとの関係がうまくとれないことが起こっているのである。

第三に、論理関係を示す語の機能が理解されているかである。前後の文脈との論理的関係を示す用語に注意を向けることが必要である。井上は、次の語を挙げている。

・理由（なぜなら、つまり、というのは）
・帰結（だから、したがって）
・反対（しかし、けれども）
・添加（そのうえ、また）
・選択（それとも、または）
・転換（さて、ところで）

・但し書き・制限（ただし、～でない限り）
・反論の先どり（「なるほど～ではあるが、しかし」「たしかに～もありうる、しかし」）
・確実度（たぶん、きっと、必ず）
・限定（ばかり、だけ、しか、～に限る）
・条件・仮定（もし～ならば、～すれば）

第四に、語の意味の「色づけ」に注意が払われているかである。「彼は太陽のように明るい子だ」「人生はドラマである」の比喩表現（第1章3⑷を参照）は、色づけの一つである。彼が太陽だと言っているわけでもなければ、人生がドラマだと言っているわけでもない。「～のようなものだ」と比喩的に表現しているのである。

⑵批判的思考とは

批判的思考にはいくつもの定義が出されているが、本書では批判的思考を「自身の情報処理プロセスの論理性・合理性を、省察的に熟慮する目的的・評価的思考である」と定義して論じていく。この定義は、楠見[34]で説かれる以下の批判的思考の主な四つの定義を基にし、それにスクリヴァン[35]の「評価」を加えたものである。楠見が紹介する四つの批判的思考は、

①証拠に基づき、論理的で偏りのない、客観的、合理的、多面的に物事を捉える思考

②意識的な省察(reflection)を伴う熟慮的な思考

③より良い思考を行うために、目標や文脈に応じて実行される目標志向的な思考

④推論、判断、意思決定、問題解決、創造性、概念獲得などの複数のプロセスと方略、知識に支えられた統合的思考である。二〇一一年の論[36]では四つ目の定義は示されていなかったが、徐々に批判的思考を、**図表9**で示した認知的な情報処理プロセス全体を評価的に省察する思考として考えるようになっている。これは、認知的な情報処理プロセス(図表2)に批判的思考のステップ1～3(「1．情報の明確化」「2．推論の基盤の検討」「3．推論」)を加えた

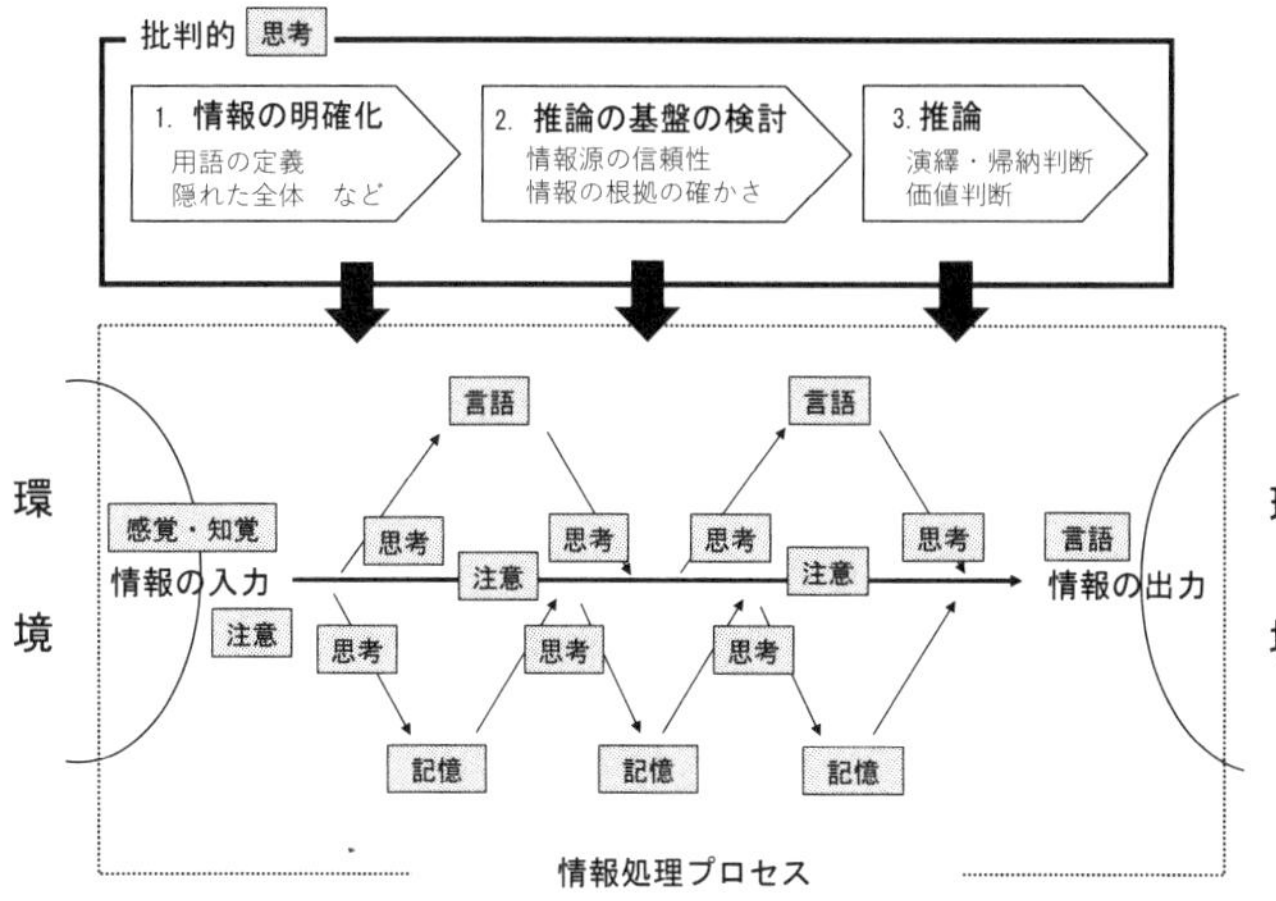

図表9　認知的な情報処理プロセスにおける批判的思考の機能

＊本書の図表2の認知的な情報処理プロセスに、楠見（2011, 2018）の批判的思考のポイントを加えて作図している。

ものである。もちろん、ここでの1～3は便宜上のステップであり、実際の批判的思考においては1～3は往還して進められることが多い。なお、批判的思考の創造的な機能については**第4章5(4)**で改めて取り上げる。

批判的思考の三つのステップは次のように説明される[37]。一つは、意思決定や問題解決を導く大本となる情報を明確化することである。この作業が不十分であると、その後いくら良い分析や推論を行っても、終点となる情報の出力は質の低いものとなる。楠見は、次の五つの観点から情報を明確化するように説いている。

(a)問題、主題、仮説に焦点を当てて、それを明確化する
(b)論証（構造、結論、理由など）を明確化する
(c)明確化のための問い（なぜ？ 何が重要か？ 事例は？ など）を立てる
(d)用語（キーワード〔重要語〕、専門用語、間違えやすい同義語や多義語など）の定義を行う
(e)（書き手や話し手の主張を支えている）隠れた前提を同定する

二つ目は、情報源の信頼性や根拠の確かさなど、情報を分析することである。まず、意見と客観

的事実を判別した上で、意見については、専門家による意見なのか、異なる情報源の間で一致している意見なのか、確立した手続きを経て導出された見方なのか、などから情報の信頼性や根拠の確かさを検討することが必要である。また、観察や報告を評価することで、情報の信頼性や根拠の確かさを検討することも重要である。

三つ目は、第一に、推論が論理的になされているかを判断することである。推論と言えば、演繹推論、帰納推論が代表的であるが、先に紹介したアナロジー（第1章3⑷）も、過去の類似経験から類推する帰納推論の一種である。また、演繹推論であっても、三段論法に代表される形式論理学的なものばかりではない。⑴の論理的思考のところで井上が説いたように、論理的思考には形式論理学的なものもあるが、それ以外にも筋道の通った思考をすること、分析・総合・抽象・比較・関係づけなどの概念的思考を行うことと、論理的思考を広義に捉える見方がある。ここでの推論も、その広義の論理的思考を行うことと捉えればいい。第二に、価値判断を行うことである。多面的に情報を集め、比較・総合して、背景事実、リスクとベネフィット、価値倫理を考慮に入れてバランスの取れた判断をすることが重要である。

4　思考論の原点としてのインサイドアウト思考

⑴そもそも思考とは

アウトサイドイン思考は、出力された情報、あるいは情報処理の途中であってもそこまで出力された情報（情報処理の終点）にポジショニングをして、起点から終点に至る情報処理プロセスを問題とする思考様式である（2を参照）。論理的思考、批判的思考は起点と終点の2地点を設定し、その間の論理性や情報処理形式を問題にすることから、アウトサイドイン思考と呼べるものである。そして、論理的思考、批判的思考がこれまでの思考論の代表的な思考タイプであるとするならば、これまでの主な思考論の様式はアウトサイドイン思考であったとも言えることになる。

それに対してインサイドアウト思考は、入力された情報（情報処理の起点）にポジショニングをして、そこからある情報（終点）を生み出す情報処理の初発プロセスを問題とする思考様式である（2を参照）。何かしらの情報を出力することを目的として思考を始めるが、どこに向かうか、終点でどのような情報を出力するかは見えない中で始められる思考である。この思考様式の下では、論理的思考や批判的思考のような、起点と終点を結んだ後でプロセスの論理性や情報処理形式を吟味することはできない。

しかし、そもそも「思考する」「考える」というのは、終点としての結果（情報の出力）が見えないからこそなされるものではないのか、という思考のそもそも論に立ち戻りたい。**第1章2⑵**では、思考を「情報処理を推し進めてある状態を作り出す働き、ないしはそれに向かうプロセス」であると定義した。この定義に照らせば、今から何かしらの状態を作り出そうとして思考を始める時の情報処理の初発プロセスに焦点を当てるインサイドアウト思考は、思考論の原点を問題にしているとも言える。次節で述べるように、現代社会で次々と○○思考が提起されるポイントをよくよく考えてみると、それは人が問題や課題を前にいかに思考停止しているのかという現状を暗に示唆していることが見えてくる。インサイドアウト思考は、アウトサイドイン思考のように、思考した結果を受けてその思考がどのようなものであったかを吟味する思考様式ではなく、「自由にいろいろ考えてみよう」「考えを作っていこう」といったことを積極的に説く思考様式である。

⑵インサイドアウト思考は原初的な創造的思考である

インサイドアウト思考は終点としての結果が見えない中でなされるものであるから、それによって作り出された考えは、ゆるやかに「新しい考え」であると見なすことができる。このように見なせるならば、それは「創造的思考（creative thinking）」の概念に接近する。インサイドアウト思考は思考論の原点であるのみならず、思考論それ自体の持つ原初的な創造的思考の特徴をも併せ持つものだと言えることにもなる。

創造的思考について少し説明をしておく。そこから、インサイドアウト思考の特徴として併せ持つ「原初的な創造的思考」の「原初的」の意味をつかみとってほしい。

創造的思考の情報処理アプローチは、実験の結果に基づいて「活性拡散」「問題空間」「機会論」「制約論」「標準的問題解決」と豊かな知見が明らかにされている[38]。創造的な新しい考えが、何かよくわからない中でひらめき出てくるわけではないことが、それらの創造的思考の研究の前提にある。やはり何かしら特定のアプローチがあってこそ、新しい考えがひらめくものだと考えられているのである。筆者もここまでは同じ考えである。

しかしながら、それらのアプローチを取れば、最後に必ず創造的な新しい考えに至るとは必ずしも言えない点を本書は問題にしたい。多くの研究は、長期間問題を考え続けた後、「あ！」とひらめく「アハ体験」や「心的飛躍」を迎え、新しい考えに至ると後付けで説明される[39]。このような説明になる理由は、それらの研究の多くがアウトサイドイン思考として創造的思考のプロセスを扱っているからである。つまり、多くの創造的思考の研究は、常識的には解決できない問題を課題として設定して、創造的思考の実験を行っている。実験である以上、ある程度の最適解が設定され、実験参加者はその最適解にたどり着くかで、創造的思考を行えたかどうかの判定がなされる。研究の勃興期には、最適解を設定するのではなく、実験参加者に思いつくアイディアを自由に挙げさせる課題が用いられていたようである。しかし、そこで示されるアイディアが、いかなる意味で創造的なのかを外部者が判定することは難しく、創造的思考のプロセスを明らかにする問いや焦点の当て方を工夫して、今日の研究へと至り、先の知見へと至る。いずれにしても、本書の視座に基づけば、このような創造的思考の研究は、終点（創造的な考え）にポジショニングをして、起点から終点に至る情報処理プロセスを明らかにしようとするアウトサイドイン思考の研究であると言える。

しかも、多くの創造的思考の研究では、創造的な考えは、新しければどんな考えでもいいわけではなく、広い意味で社会的に評価される、あるいは多くの人びとが発想しないユニークでオリジナルな考えと文脈を限定して実験がなされている。決して、科学者や技術者、芸術家、起業家などの独創的な発明や発見、着想、イノベーションのみを「新しい考え」と見なしているわけではないながらも、常識的な思考では解決できない問題を与えて検討を行っている状況は確実に認められる。こうして、いろいろ論じられながらも、最後は「アハ体験」「心的飛躍」を経て、という説明になる。

本書は、社会的評価を受ける、あるいは他者と比較したユニークでオリジナルなアウトサイドイン思考としての創造的思考ではなく、自身が「新しい考え[40]」だと思えば、それがその個人にとっての創造的思考であると見なした、インサイドアウト思考としての創造的思考を扱いたい。しかし、アウトサイドイン思考としての創造的思考と区別するために、「原初的な創造的思考」と呼んでいく。

原初的な創造的思考の特徴をインサイドアウト思考に付与する理由の一つは、創造的思考を天才や偉人のみが為せる思考と捉えるのではなく、一般の人びとが日常で普通に行う思考として捉えたいからである。これは、自己実現で知られるマズロー[41]の創造性の考え方に依拠している[42]。やや長いが、重要なところなので、マズローの文章を引用する。

「わたくしはまもなく、自分が他の大多数の人びとと同じように、創造性を作品によって考えていたこと、第二に、無意識のうちに、どの画家、どの詩人、どの作曲家が創造生活を続けているかを考えて、暗々裡に創造性を、人間の努力する特定のつきなみの領域のみにかぎっていたことに、気づいたのである。理論家、芸術家、科学者、発明家、作家は創造的になることができる、他のだれもなり得ない、というように、無意識のうちに、わたくしは、創造性が、ある職業に独占するものと考えていたのであった。

(中略)しかしこれらの予想は、多くのわたくしの被験者によって裏切られた。たとえば、無教育で貧しく、終日家事に追いまわされている母親である一婦人を例にとると、彼女はこれらの慣例的な意味での創造的なことは、なにもしていなかった。にもかかわらず、素晴らしい料理人であり、母親であり、妻であり、主婦なのである。わずかのお金で、その家はともかくもつねに小奇麗であった。彼女は完全なおかみさんなのである。彼女のつくる食事は御馳走である。彼女のリンネル、銀食器、ガラス食器、せともの、家具に対する好みは、間違いがない。彼女はすべてのこれらの領域で、独創的で、斬新で、器用で、思いもよらないもので、発明的であった。わたくしはまさに彼女を、創造的と呼ばざるを得なかったのである。」[43]

もう一つの理由は、創造的思考が、価値観が多様化した現代社会において人びとの個性化するライフを構築するに当たって必要な思考であると、本書の第Ⅱ部で説きたいからである。新しい考えが作り出されれば、それはどんなものでも立派な（原初的な）創造的思考であると捉えたい。作り出された新たな考えに小さいも大きいもない、社会的に良いも悪いもない、そのように考えて、新しい考えそれ自体を創造的思考であると見なすのである。そして、時にそれが社会的に評価されて、発明や発見、着想、イノベーションと賞賛されるものになると、前述のアウトサイドイン思考としての創造的思考にもなる。

創造的思考をこの意味で捉えるには、創造的思考から「社会的評価」「アハ体験」「心的飛躍」の要因を取り除いて、ポジショニングを情報処理の初発プロセスに移動させなければならない。そうすれば、それがインサイドアウト思考になり、インサイドアウト思考が原初的な創造的思考の特徴を併せ持つという理解になる。

(3) 拡散的思考・収束的思考との関連

創造的思考の種類として、拡散的思考と収束的思考がよく議論で取り上げられる。本節の最後に、これらの思考を紹介して、インサイドアウト思考・アウトサイドイン思考との対応について考えを述べておく。

ギルフォードの創造性の議論[44]によれば、多くの創造的活動は二つの異なる思考、すなわち「拡散的思考（divergent thinking）」と「収束的思考（convergent thinking）」[45]に基づいて営まれている。拡散的思考とは、一つ以上の解に導かれる、新しい考えが次々と生み出されるような思考様式であり、収束的思考とは、ある問題に対して一つの解に絞られていくような思考様式のことである。

この定義を踏まえれば、拡散的思考はどちらかと言えば、情報処理の起点あるいは情報処理の初発プロセスにポジショニングして、（新しい）考えを作り出そうとする思考様式、すなわちインサイドアウト思考に近いものである。インサイドアウト思考にとって一つ以上の解を生み出すことは必ずしも必要条件ではないが、情報処理の終点でどのような着地をするかが見えない中で最大限の思考を行おうとすることは、インサイドアウト思考が求めるものである。それに対して、考え得る複数解（複数の選択肢）から一つの解に絞っていく収束的思考の定義は、意思決定の定義（**第1章3⑶**）とほぼ同義である。意思決定は、起点から終点に至る情報処理プロセスを問題にするアウトサイドイン思考であり（**第2章2**）、それ故に収束的思考もアウトサイドイン思考ということになる。

5　次々に提唱される現代的な○○思考──現代的なインサイドアウト思考論

「あなたがどういう人物で、どこに住んでいて、現在何歳かに関係なく、長寿化の恩恵に最大限浴するためにどのような選択をすべきかを、いますぐに**考えはじめたほうがいい**。選択を迫られるのは、個人だけではない。あなたが働いている企業と暮らしている社会も、どのような選択をすべきかを**考える必要がある**。

私たちの人生は、これまでになく長くなる。私たちは、人生の様々な決定の基準にしているロールモデル（生き方のお手本となる人物）より長い人生を送り、社会の習慣や制度が前提にしているより長く生きるようになるのだ。それにともなって、変わることは多い。変化はすでに始まっている。あなたは、その変化に向けて準備し、適切に対処しなくてはならない。本書は、その手助けをするために書いた本だ。[46]」（太字は筆者による）

このように説くのは、よく知られるグラットンとスコットの『ライフシフト─100年時代の人生戦略』である。前述してきた様々な側面での現代社会の変化に加えて、人生100年時代の長寿社会がやってきている。これまでの人生ステージにあった教育・仕事・引退モデルが崩壊し、人生がマルチステージ化していく。そのマルチステージの人生の一つ一つをどのようなものとし、全体を構成し、各ステージをどのように移行していくかは個々人によって多様となる。それに伴って必要なお金や時間の使い方、仕事と家庭との関係など、様々なものが変わってくる。その上で、問題は「ほとんどの人が生涯で何度も移行を遂げるための能力やスキルを持っていないことである。柔軟性を持ち、新しい知識を獲得し、**新しい思考様式**を模索し、新しい視点で世界を見て、力の所在の変化に対応し、ときには古い友人を手放して新しい人的ネットワークを築く必要がある。こうした「変身」のためのスキルをもつためには、場合によっては**ものの考え方**を大きく転換し、未来を真に見通さなくてはならない。[47]」(太字は筆者による)

マルチステージの人生を築いていくために、新しい能力やスキルを身に付けなければならないことは、そうであるとして、その前にいったいどのような「人生100年時代」を生きていくのかについて、自身の人生構築のための思考を始動させる必要がある。この思考がなければ、新しい能力やスキルを身に付けようという意欲さえわかないはずである。人生100年時代を自分はどう生きていきたいかという、正解のない自分だけの答えを求めて思考するインサイドアウト思考のわかりやすい問題状況である。

山口[48]が提示する「ニュータイプ」は、変化の激しいテクノロジー社会で評価される人材に求められる思考・行動様式である。自由で、直感的で、わがままで、好奇心の強いことを特徴としており、それは、これまでの資本主義社会で成功してきた優秀な人材、すなわち、従順で、論理的で、勤勉で、責任感の強い「オールドタイプ」と対照的である。仕事における人材論ではあるが、ニュータイプ論は教育、人生にもそのまま適用できるものと考えられ、大きくはインサイドアウト思考論の一つを論じているものと見なすことができる。

図表10は、ニュータイプの具体的な思考・行動様式を、「問題を探す」「構想する」「意味を与える」「遊びを盛り込む」「とりあえず試す」等として示したものである。本書が、ニュータイプをインサイドアウト思考の一つとして紹介する理由が、うまく表されている。つまり、オールドタイプの「正解を探す」「予測する」「ＫＰＩで管理する」〜「経験に頼る」の思考・行動様式は、情報処理の終点としての出力結果がある程度見えている中で推し進められるものである。その意味で、アウトサイドイン思考に則ったものである。それに対し

オールドタイプ	→	ニュータイプ
正解を探す	→	問題を探す
予測する	→	構想する
KPIで管理する	→	意味を与える
生産性を上げる	→	遊びを盛り込む
ルールに従う	→	自らの道徳観に従う
一つの組織に留まる	→	組織間を越境する
綿密に計画し実行する	→	とりあえず試す
奪い、独占する	→	与え、共有する
経験に頼る	→	学習能力に頼る

図表10　オールドタイプvsニュータイプの思考・行動様式

て、ニュータイプの「問題を探す」「構想する」「意味を与える」などの思考・行動様式は、情報処理の終点としての出力結果が必ずしも見えない中で推し進められる思考・行動様式である。その意味で、インサイドアウト思考に則ったものである。

「正解を探す」vs「問題を探す」の対立項は、オールドタイプとニュータイプの思考・行動様式の違いを最もわかりやすく伝えるもので、これを入り口にして他の項を繋げながら、先の「人生100年時代」の自身の人生構築の思考がいかなるものかを考えてみよう。

人生100年時代の思考には、もちろん「正解」はない。自身の人生構築は、教育、仕事、家族、余暇などの一つ一つの人生役割や課題をどのようなものにするかを「問題」として設定し、自身の信念や価値観、生き方（＝「自らの道徳観に従う」「意味を与える」）に従ってその解を「構想」しなければならない。そして、人生はマルチステージであるというのが「人生100年時代」の独自のメッセージであることを踏まえると、それらの人生役割や課題の一つ一つを繋いで、多元的に、多層的に「構想」しなければならない。これらの人生構築に「正解」があるわけではなく、家族やパートナーなどを除いて、基本的には第三者からとやかく評価されるものではないので、思う存分楽しんで考えればいいだろう（＝「遊びを盛り込む」）。「正解」はないのだから、違和感を感じれば修正して別の人生を再構築すればいい。その意味では、ある程度方向性が決まれば、「とりあえず試」して前に進んでいくことが重要である（以上、「　」内は図表10の思考・行動様式の特徴に対応する）。このように考え

図表11　サンリオピューロランドでのイベントとキャラクター
© 2023 SANRIO CO., LTD. APPROVAL No.P1402064

て、人生100年時代の人生はニュータイプの思考・行動様式に基づいて構築されるものであり、ひいてはインサイドアウト思考に則って構築されるものだと考えられる。

具体的な○○思考論として、「サンリオピューロランドを復活させた25の思考」も取り上げよう。ここまで具体的な実践に話を繋げると、中には現代社会に限らない一般的な問題・課題に対する思考論も見られることになるが、それは括弧に入れて論を進めていく。

サンリオピューロランドは、東京都多摩市にあるサンリオキャラクター（ハローキティやマイメロディ、クロミ、シナモロールなど）をモチーフとした屋内型テーマパークである（**図表11**）。一九九〇年に開業され、盛況な賑わいで当初数年を過ごしたが、バブル経済の崩壊以降の平成不況、消費低迷、都心から遠い立地などのため、徐々に入館者数が減少して常時赤字経営となっていく。そのサンリオピューロランドを復活させていった現在の社長が小巻亜矢氏である。

小巻の著書『逆境に克つ！』[50]には、副題に示される「サンリオピューロランドを復活させた25の思考」が説かれている。「25の思考」は、言い換えれば、考え方や発想の転換のようなものである。笑顔が足りないなら、笑顔を増やせばいい。お客様が少ないなら、増やせばいい。都心から離れていて不便と言われるなら、考え方を変えて、その都心から離れていることのメリットを考えてみればいい。小巻は次のように述べる。

「新宿から、電車でいらっしゃる方は、（中略）新宿からの30分間は長くて、待ち遠しく感じるかもしれません。でも、その方たちもきっと、スマホをお持ちですよね。そして、今日はどのショーを見ようか、どのキャラクターと一緒に写真を撮ろうか、サイトを見ながら考えてくれるとも思います。（中略）帰りも、お友達と撮った写真やお買物したおみやげを見ながらであれば、あっという間でしょう。カチューシャをつけたままの方もいらして、その方々は、知らず知らずのうちにサンリオピューロランドの宣伝までしてくださっています。[51]」

「日本の子どもの数は減っているのに、サンリオピューロランドは大丈夫？」と問われる。確かにその通りであるが、小巻は次のように考える。

「まだまだ日本には億を超える人が住んでいて、そして、一度もサンリオピューロランドに来たことがないという方も大勢いらっしゃいます。その原因は、まだまだ私たちの力が足りなくて、「来てください」というメッセージを伝え切れていないことだと思っています。[52]」

小巻の思考は、世の中でこうすべきだという常識的な考えをひっくり返すものが多い。発想の転換と言われるものである。開業して30年経っているサンリオピューロランドである。経営上の問題は山積している。しかし、その問題を解決すれば、サンリオピューロランドは自ずと発展していくというシンプルな方程式を小巻は示す。それは、**本書の概要**で述べた、問題解決や課題に取り組むことを通して現代社会を進展させるというSociety5.0のスローガンと似ている。正解のない自分だけの答えに向かって思考を始動させるインサイドアウト思考が際立っている。

注

27　「ポジション（position）」は、あるモノ（ほかにも事象、人など）の他のモノに対する相対的位置の意である。したがって「ポジショニング（positioning）」は、あるポジションを取ろうとする行為であると定義される。ポジションの意である位置はそれ自体では決められず、他との相対的関係においてしか決められない。ポジショニングが概念として扱われるようになった端緒は、A・ライズとJ・トラウト（Ries & Trout, 1981）

にあるとされる。ライズらはポジショニングの概念を企業のポジショニング戦略について用いた。例えば、「われわれはアメリカで三番目に大きなコーヒー会社です」というときの「三番目」という位置づけを戦略化できれば、それは立派なポジショニングである。「軽いビール」「ドライビール」「甘いビール」なども、自身のビールの特徴を位置づけるある種のポジショニングの結果である（詳しくは溝上, 2008 を参照）。Ries, A., & Trout, J. (1981). *Positioning: The battle for your mind*. New York: McGraw-Hill.、溝上慎一（2008）. 自己形成の心理学―他者の森をかけ抜けて自己になる― 世界思想社

28 浜口(1982)を参照。浜口恵俊（1982）. 間人主義の社会日本 東洋経済新報社

29 かつてD・リースマン(1964)が論じた社会的性格のうち、「内部指向型(inner-directed)」(自身の内部にある信念や良心を基準にして、自身の行動を取っていく性格）、「他人指向型(other-directed)」(大衆消費社会が進む中で表れた、他者や人間関係を基準に自身の行動を取っていく性格）は、それぞれインサイドアウト、アウトサイドインに対応していると考えられる。リースマン, D.（著）加藤秀俊（訳）（1964）. 孤独な群衆 みすず書房

30 コヴィー, S.R.・スキナー, J.J.（著）川西茂（訳）（1996）. 7つの習慣 キングベアー出版

31 critical を「批判的」と訳すと、相手を否定的に攻撃するという意味合いが生じる。これを避けるために、critical thinking をカタカナでそのまま「クリティカルシンキング」と表す研究者も多くいる（楠見, 2011, p.ii）。本書では「批判的思考」と訳していく。楠見孝（2011）. はじめに 楠見孝・子安増生・道田泰司（編）批判的思考力を育む―学士力と社会人基礎力の基盤形成― 有斐閣 p.i-iii

32 井上(2007)を参照。なお、井上は「言語論理教育」というものの大きな柱の一つとして論理的思考を説いている。学校教育の批判的思考研究の中での井上の位置づけは、樋口(2013)でレビューされている。井上尚美（2007）. 思考力育成への方略―メタ認知・自己学習・言語論理―〈増補新版〉 明治図書、樋口直

宏（2013）．批判的思考指導の理論と実践―アメリカにおける思考技能指導の方法と日本の総合学習への適用― 学文社 p.27

33 河原哲雄（2002）．概念 日本認知科学会（編）認知科学辞典 共立出版 pp.111-112

34 楠見（2018）、pp.462-463

35 Scriven, M. (2007). The logic of evaluation. In H. V. Hansen et al., (Eds)., *Dissensus and the search for common ground*, CD-ROM (pp.1-16). Windsor, ON: OSSA. https://scholar.uwindsor.ca/cgi/viewcontent.cgi?article=1390&context=ossaarchive

36 楠見（2011）を参照

37 楠見（2011, 2018）を参照

38 阿部慶賀（2019）．創造性はどこからくるか―潜在処理、外的資源、身体性から考える― 共立出版

39 たとえば三輪・石井（2004）では、ある創造的思考の実験における、実験参加者が問題解決の途中で、最終的な結果をほとんど予測できていなかった結果を挙げ、創造的思考は情報処理の中で、ある考えの「飛躍」が生じた結果のものであるという考察をしている。三輪和久・石井成郎（2004）．創造的活動への認知的アプローチ 人工知能学会誌，*19*(2), 196-204.

40 "The Oxford English Dictionary (Second Edition)" (1989) では、create（創造する）の最初の意味として「これまでなかったものを産み出すこと」とある。また、『日本国語大辞典（第2版）』（小学館，2001年）では、「創造」とは「新しいものを自分の考えや技術などで初めてつくりだすこと」とある。これらを踏まえて、「新しい考えを産み出すこと」を創造性、創造的思考の原義とする。

41 マズロー，A. H.（著）上田吉一（訳）（1979）．完全なる人間―魂のめざすもの― 誠信書房

42 同様の考え方を取るものとして梅本（1969）も参照。梅本尭夫（1969）．創造的思考 岡本夏木・古沢頼雄・

高野清純・波多野誼余夫・藤永保（編）知能と創造性（児童心理学講座5）金子書房　pp.147-191

43 マズロー（1979）, pp.185-186

44 Guilford, J. P.（1967）. *The nature of human intelligence.* New York: McGraw-Hill.

45 「発散的思考」とも訳される。

46 グラットンら（2016）、pp.17-18。グラットン, L.・スコット, A.（著）池村千秋（訳）（2016）. ライフシフト—100年時代の人生戦略—　東洋経済新報社

47 Ibid., p.26

48 山口周（2020）. ニュータイプの時代—新時代を生き抜く24の思考・行動様式—　ダイヤモンド社

49 山口（2020）、p.3より作成

50 小巻亜矢（2019）. 逆境に克つ！—サンリオピューロランドを復活させた25の思考—　ワニブックス

51 Ibid., pp.19-20

52 Ibid., p.42

第3章 インサイドアウト思考の身に付け方

インサイドアウト思考は、入力された情報（情報処理の起点）にポジショニングをして、そこからある情報（終点）を生み出す情報処理の初発プロセスを問題とする思考様式と定義される（**第2章2**）。要は、絵を観てどう思うか、課題を前に自分でどう取り組むか、どう問題解決するかを、世の中の正解を探すことなく、人の目や世間の声などを気にし過ぎることなく、自分の頭で考え自分の言葉で表現することである。「これまで自分の考えをあまり作ってこなかった」「人と話をしていても自分の考えはあまり話さなかった」「大事だと言われることを素直に学んできた」、そんな山口[53]の説くオールドタイプの特徴である「正解を探す」人びとには、インサイドアウト思考はハードルが高いかもしれない。できる人はできる、できない人は本当にできない。思考「力」とも言われるように、インサイドアウト思考は能力の一種であることを否定できない。

とは言え、能力と言い過ぎないで、誰もが現代社会を力強く生き抜いていくために、インサイドアウト思考の身に付け方、トレーニングの仕方を示さなければならない。本章ではそれを示していく。

1　徹底的に自分の考えを作り、自分の言葉で表現する！

はじめにで紹介した、自分のものの見方でアート鑑賞をすることは、インサイドアウト思考の一つのトレーニングであろう。美術館や博物館など、あるいは映画を観た後の感想でもいいので、「良かった」「おもしろかった」だけではなくて、その「良かった」「おもしろかった」の中身を自分の言葉で表現するのである。末永[54]は「アート思考」と呼んで、自分のものの見方で絵から想像することを探究し表現することを説く。絵が技巧的にどのようにすばらしいか、アートの世界でどのように評価されているか、そのようなことを一切横に置いて、絵から想像することを探究し自分の言葉で表現するのである。それがインサイドアウト思考のトレーニングとなる。

前節で紹介した小巻[55]の「サンリオピューロランドを復活させた25の思考」も、インサイドアウト思考のトレーニングの仕方を考えるヒントになるだろう。アート思考の「絵」に相当するものは、そこでは「笑顔が足りない」「都心から離れている」「日本の子どもの数は減っているのに、サンリオピューロランドは大丈夫か」などの課題や問題である。この課題や問題に対して「私は～と考える」と自身の考えを表現すれば、それがインサイドアウト思考のトレーニングとなる。

後の節でインサイドアウト思考のスキルをいくつか紹介するが、私はそのようなスキルよりも前に、まずは自分の考えを、どんなに幼稚でもどんなに小さなことでもいいので、機会あるごとに自分の言葉で表現することを習慣化することが大事だと思う。インサイドアウト思考のトレーニングとして、この部分が八割を占めるとさえ思うくらいである。末永の「アート思考」で言えば、絵を前にして、添えられた題名や制作年、解説などを読むのではなく、そのようなことは必要なら後で読めばいいので、まずは自分なりに感じること、考えることを自分の言葉で表現するのである。インサイドアウト思考が身に付いていない人、これまで習慣のない人がこれをしようとすると、何も言葉が思い浮かばず、かなりの苦痛を感じるかもしれない。しかし、それが何だと言うのだ。必要だと思うなら、頑張って取り組むしかない。そうすれば、少しずつできるようになっていく。

私は、自分の考えを表現するトレーニングというのは、言わば、子供が野球のボールを相手に向かって投げるようなものだとよく思う。ボールを投げたことのない子供に、投げ方を事細

かく教えても仕方がない。そんなことは後でいくらでも教えられるから、まずは相手の胸をめがけて思いっきり投げよう、と言えばいい。ボールを投げて、投げて、そうして多少子供が思うようなところに投げられるようになってきたら、その時に少しずつ投げ方を教えればよい。インサイドアウト思考のトレーニングも、同じようなものだと思うのである。

2　他者とのズレや関係を見出して自分の考えを作る——他者なくして自己なし

前節では、「自分の考えを（中略）機会あるごとに自分の言葉で表現することを習慣化することが大事だと思う。インサイドアウト思考のトレーニングとして、この部分が八割を占める」と述べた。しかし、傍線を引いた「機会あるごとに」の中に、そして「八割」の中には、他者との関係（読書、議論や対話等）を通してのものも含めてよい。

自分の考えを、何もないところから作っていくのは難しい。前節では、アート思考や課題や問題などの機会を通して、あるいは作り出して、自分の考えを作るトレーニングをしようという話をした。本節では、読書、議論や対話等を通して、「その通りだ」「いや、自分はこう思う」などと他者とのズレや関係を見出し、そうして自分の考えを作っていくトレーニングを加える。他者とのズレや関係を見出し考えを作っていければ、それも立派な「自分の考え」である。

近年の学校教育では様々な種類のアクティブラーニングを実施し、本書で提起するインサイドアウト思考の中核、「自分の考えを作る」ことのトレーニングをしている。詳しくは章を改めて説明するが、例えば、子どもや生徒・学生は、教師の話を聞いてそれを理解するだけでなく、リフレクション（振り返り）を通して自身の気づきや考えたことを自分の言葉で表現することが求められるようになっている。また、他者との関係（議論や発表など）を通して、他の生徒の様々な考えに触れ、そのズレや関係から自分は何を思うか、考えるかを表現することが求められるようになっている。

子どもや生徒・学生は、学校の授業等でアクティブラーニングを積極的に行えば、それが自分の考えを作る機会となる。それで十分だとは言わないまでも、まずは与えられる機会を精いっぱい活かして、トレーニングすればいい。大人もアクティブラーニングのある研修会に参加してトレーニングすることはできるが、そう頻繁に参加することは難しいだろう。それよりもむしろ、友達や知り合い、職場の同僚などとお茶したり、食事、飲み会に行ったりして積極的に社交するのがいいと思う。日常のことや趣味の話でも何でもいい。いろいろ話していれば、時に仕事や人生、社会・政治の話にもなるだろう。他者の考えと自身の考えとのズレや関係がたくさんそこにはあるはずだ。そして、そこから自分の考えをどんどん作っていくことができれば、それがインサイドアウト思考のトレーニングになる。

もちろん、食事や飲み会に行けばお金はかかる。それが嫌だという人もいる。しかし、それは自分の考えを作るトレーニング（研修）なのだから、有料の研修会に行くようなものだと思うしかない。美術館に行ってもお金はかかる。

学術的な説明を二点しておく。

一つは、**第2章4**で述べた通り、自分の考えを作るインサイドアウト思考は、他の誰もが考えたことがない、独自のユニークな考えを作り出す思考のことではないということである。インサイドアウト思考は、自分が作り出した考えそれ自体が原初的な創造的思考であるという考えに基づいている。社会的に評価された、あるいは多くの人びとが発想しないユニークでオリジナルな考えとしての創造的思考とは区別されるものである。

もう一つは、他者とのズレや関係を通して作られる自分の考えも、立派な自分の考えだということである。なぜなら、そもそも人というのは、「自分（自己）」への見方を他者とのズレや関係を通じて作り上げる社会的生き物だからである。

人は生まれてすぐに自己（自分）を作れるわけではない[56]。はじめは、他者からの働きかけ、他者の声かけや声のトーンなどに生来的な本能で積極的に関わり、微笑む、笑う、泣くなどの快・不快の感情を表現する。やがて、他者の行為や微妙な表情の差異などを手がかりに、他者の心（意図・信念）を推測するようになる。他者は自分に何を求めているのか、何をすると他者は褒めてくれ、何をすると怒るのか、他者は何を考えているのかなど。一歳前後から共同注意や社会的参照など、他者の心を推測する発達が見られるようになり、四歳頃になるとその基盤がおおよそ成立してくると考えられている。

他者の心を推測（理解）するフレームが育ってくると、やがて人は、その他者を理解するフレームを自身に向けて自己を理解し始める。一般的には二歳頃のことである。例えば「〇〇君は男の子だ」「〇〇ちゃんは背が低い」といった、他者を理解するフレームを自身に向けて、「自分は男の子だ」「自分は背が低い」といった自己同定をして、そのような自己像を抱くようになる。言葉で自己像を表現するようになるのは、言葉や知能が発達してくる四～五歳あたりの幼児期であるが、ジェンダーの自己認識（自身が男の子なのか女の子なのか）くらいのことなら三歳頃でも認められると報告されている。

他者理解は自己理解に先立つ。それは言い換えると、他者がいなければ、他者を理解できなければ自己を十分に理解することができないからである。「自分は背が高い／低い」という自己理解（自己像）を得るためには、背が高い人から低い人まで他者を様々に理解し、その他者理解の眼差し（フレーム）を自身に向けて他者と比較してズレや関係を見出す。そうして「自分は（多くの人より）背が高い／低い」と相対的に特徴付けるのである。もちろん、このような作業は幼少期、児童期には無自覚的になされることが多いが、青年期以降になるとかなりの程度自覚的になされることもあり、

「私とは何者か」のアイデンティティの問題にまで発展することがある。自覚的であれ無自覚的であれ、他者なくして自己なしである。

このように、心理学では自己理解は他者理解に先立つと説明される。鏡を見て「俺ってださいな」「私はかわいい」と思うような一人の状況での思考でさえ、あるいは教育場面で一人で感想を書くリフレクションのような状況においてさえ、思考のどこかでは多かれ少なかれ他者が関与し、他者と自己内対話していることが少なくない。「自分の考えを作る」という作業は、どこかでは他者とのズレや関係の中で営まれている。他者との関係を利用して、「その通りだ」「いや、自分はこう思う」といった形で自分の考えをどんどん作っていけばいい。

3　考えを作るためのフレームワーク――5W1H思考とSWOT分析

あまり特別なスキルに頼らず、自分で、あるいは他者との関係（読書や議論、対話等）を通して自らの考えを作り出し表現する努力をしてほしい。これが私は大前提だと思う。その上で、それがある程度行えるようになったら、下記の5W1Hのようなスキルを用いて課題や問題に対する考えを作るということもしていけばいいと思う。助けになることは間違いない。

- Who（誰が）
- When（いつ）
- Where（どこで）
- What（何を）
- Why（なぜ）
- How（どのように）

中学校や高校の英語の授業で習った記憶のある読者も多いかと思うが、これは英語の話ではなく、考えを作り出すためのスキルである。「５Ｗ１Ｈ思考」法を説く渡邉[57]は、それを問いや発想を生み出すためのシンプルなフレームワークと説明している。例えば、ある問題に対して「なぜ（Why）」この問題を扱うのか、「どのように（How）」解決していけばいいのか、「いつ（When）」から実行していくか、などといったように、自分に疑問詞を投げかけそれに答える形で考えを作っていくのである。

５Ｗ１Ｈの中でも「なぜ（Why）」は、ある課題や問題を深く考えていく上での強力な疑問詞である[58]。先日ある新聞で、親が子供に積極的に話しかけ、「なぜそう思うの？」「なぜそうしたの？」と頻繁に尋ねるという記事が掲載されていた。自分で考え、自分の意見を言える子供に育ってほしいからだ。

「なぜ」に対する回答は、直接的には理由や原因、目的を求めるものであるが、渡邉[59]が説くように、「なぜ」を重ねることで課題や問題の真の目的（渡邉は「Big-Why」と呼ぶ）にまで拡げられる（**図表12**）。そして、課題や問題が大きな視座（Big-Why）で捉えられるようになれば、「何を（What）」「どのように（How）」という問いを重ね、思考を拡げていけばいい。例えば、「なぜダイエットをするのか」と考えてみる。直接的な理由は「痩せたいから」であろう。しかし、Big-Whyは「美しくなって注目されたい」「健康を維持したい」ということかもしれない。Big-Whyが見えてくれば、「どのようにダイエットするの？（How）」と自身に問いかけ、「毎日三キロ走る」という考えを作ることができる[60]。

もう一つ、SWOT《スウォット》分析も紹介しよう。これはビジネスで、組織や個人の目標達成のための意思決定場面などでよく用いられる思考スキルである。内的要因として「強み」と「弱み」を、外的要因として「機会」と「脅威」を設定し、それらの組み合わ

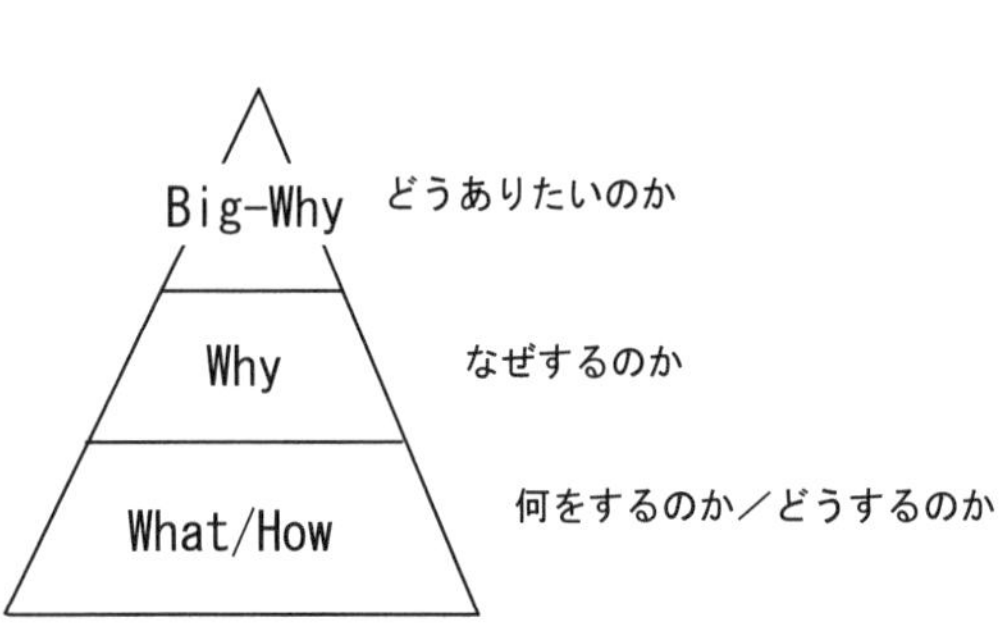

図表12　Why から Big-Why、What/How へと思考を拡げていく[61]

	成功促進	阻害
内的要因	強み	弱み
外的要因	機会	脅威

図表13　ＳＷＯＴ分析の構造

せで思考のフレームワークを作るのである（図表13を参照）。前節で紹介したサンリオピューロランドの「都心から離れていて不便だ」という問題を取り上げ、それをＳＷＯＴ分析してみよう。「弱み」はまさに「都心から離れていて不便だ」ということである。しかし、それを逆手にとって「強み」にしようと考える。つまり、電車の中でピューロランドのウェブサイトを見ながら、どのショーを見ようか、どのキャラクターと一緒に写真を撮ろうかと考える時間にしてほしいと考えるのである。そして、お客様をそのような行動へと誘う宣伝広告やウェブサイトを構築することが、この「強み」を踏まえた行動であり、ＳＷＯＴ分析では「機会」と呼ばれるものになる。ここでは、この「強み×機会」が成功促進のための戦略だと考えるわけであるが、それがうまくいかない場合は、サンリオピューロランドへの来場者数が減り、弱み（都心から離れていて不便だ）×脅威（来場者数が減少）という目標達成を阻害する結果となることもある。

ビジネス戦略以外にも、個人で使える場面も多くある。例えば、私は勉強は苦手だが（弱み）、人と接したりコミュニケーションしたりするのは得意だ（強み）、という自身の理解を踏まえて、仕事はサービス業の職に就きたい（機会）と考えるのがその例である。強み（人と接したりコミュニケーションしたりするのは得意）×機会（サービス業の職で頑張りたい）という戦略を立て、目標達成に向けた行動をしていくのである。しかし、就職活動で「サービス業でも勉強はたくさんしないといけないよ」と指摘され、結果、就職がうまく決まらないということもあり得る。その場合には、弱み（勉強は苦手）×脅威（サービス業でも勉強は必要。就職活動がうまくいかない）という、目標達成を阻害する結果が予想される。

５Ｗ１Ｈ思考もＳＷＯＴ分析も共通するのは、考えを作るためのフレームワークだということである。何もない中で考えが思い浮かばない時には、自身に「なぜ？」「どのように？」「強みは？」などと自問していけばいい。それに答える形でいろいろ考えが出てくるはずである。

4　アウトサイドイン思考のポイントを利用してスキルにする

第2章でアウトサイドイン思考の代表例として、論理的思考と批判的思考を紹介した。ここでは、これらのポイントを利用して、インサイドアウト思考のスキルにするという話をする。

論理的思考の第三のポイントとして、以下の論理関係を示す語の機能をチェックすることが説かれた（**第2章3⑴**）。しかし、これらを考えを作り出す接続詞として用いれば、それがインサイドアウト思考のスキルにもなる。2で紹介した5W1Hと同じように、ある考えの続きとして「なぜなら」「だから」「しかし」などと自問して、それに答える形で考えを作ればいいのである。

・理由（なぜなら、つまり、というのは）
・帰結（だから、したがって）
・反対（しかし、けれども）
・添加（そのうえ、また）
・選択（それとも、または）
・転換（さて、ところで）
・但し書き・制限（ただし、〜でない限り）
・反論の先どり（「なるほど〜ではあるが、しかし」「たしかに〜もありうる、しかし」）
・確実度（たぶん、きっと、必ず）
・限定（ばかり、だけ、しか、〜に限る）
・条件・仮定（もし〜ならば、〜すれば）

同じく、論理的思考の第一のポイントでは、上位・下位概念や抽象（一般）・具体の関係が理解されているかが説かれた。これもインサイドアウト思考のスキルとなる。

例えば、アート思考では絵画の話をしたが、「この話は絵画だけに適用されるものか？」「絵画の上位概念は何だろう？」と自問してみる。すると、絵画の上位概念は「芸術」だという考えが思い浮かぶ。たしかに「アート（芸術）」思考として説かれていたことに気づく。こうして、末永[62]が説くアート思考は、何も絵画だけではなく広く芸術一般に対しても適用されるものであることがわかる。

しかし、まだ思考は続けられる。絵画↓芸術と概念を上位水準に上げるならば、今度はそれを具体的な水準に下ろして、「芸術には、絵画以外にどのような活動があるだろうか？」と自問してみる。調べてみると、芸術の下位概念には「文芸」「彫刻」「音楽」「演劇」「映画」などとある。これは私にはけっこうな驚きである。というのも、**はじめに**で述べた、「画家が絵を描く時の感情や表現を想像する」といったことが、日常的に慣れ親しんでいる音楽や映画に関してはあまり当てはまらないと感じるからである。歌手やバンドがどのような心情で歌っているか、演奏しているかといったことはあまり考えたことがない。映画俳優がどのようにある役を映画の中で演じているかもあまり考えたことがない。しかし、演劇や芝居、ミュージカルになると話が変わる。俳優がステージ上の最初の場面でどのように出てくるかは私はとても関心があって、いつも着目している。ステージに出てくる前にどのように準備して、どのように過ごして、どのような気持ちで最初の場面を演じ始めるのかは、私にとっては講演やあいさつのスピーチ場面と似たところがあり、大きな関心事なのである。いろいろ思うこと、考えることが出てきてとても楽しい。

私の話は一例だが、このように、扱う概念や問題の上位―下位、抽象（一般）―具体の水準移動を自問自答するだけで、様々な関連事象の比較がなされ、絵画や音楽、映画などをただ見るだけではわからない考えが思い浮かぶ。

批判的思考も同様である。批判的思考を通して情報を明確化する以下の五つのポイント（**第2章3⑵**）も、インサイドアウト思考を進める上でスキルとなる。上記で取り上げていないもので言えば、私はふだん(d)の用語の定義や(e)の隠れた前提を考えることをインサイドアウト思考のスキルとして多用している。

(a) 問題、主題、仮説に焦点を当てて、それを明確化する
(b) 論証（構造、結論、理由など）を明確化する
(c) 明確化のための問い（なぜ？ 何が重要か？ 事例は？ など）を立てる
(d) 用語（キーワード［重要語］、専門用語、間違えやすい同義語や多義語など）の定義を行う
(e)（書き手や話し手の主張を支えている）隠れた前提を同定する

注

53 山口 (2020) を参照

54 末永 (2020) を参照

55 小巻 (2019) を参照

56 以下の説明は溝上 (2020) の第1章をまとめたものである。溝上慎一 (2020). 社会に生きる個性—自己と他者・拡張的パーソナリティ・エージェンシー—　東信堂

57 渡邉光太郎 (2017). シンプルに結果を出す人の５Ｗ１Ｈ思考　すばる舎

58 心理学では、人が他者や自身の行為の理由や原因を明に暗に推論しており、同じ行為でも、その理由や原因の繋げ方 (帰属) によって行為が変わることを明らかにしている (*cf.* ワイナー, 1989; 蘭・外山, 1991 を参照)。例えば、テストの結果が悪かったことを受けて、その原因を自身の努力不足に帰属させるか、運が悪かった、試験問題が予想よりも難しすぎた、と帰属させるかによって、その後の行為は変わってくる。ワイナー, B. (著) 林保・宮本美沙子 (監訳) (1989). ヒューマン・モチベーション—動機づけの心理学—　金子書房、蘭千壽・外山みどり (編) (1991). 帰属過程の心理学　ナカニシヤ出版

59 渡邉 (2017)、p.37

60 Ibid., p.39

61 Ibid., 図表 1-1 (p.37) を基に作成

62 末永 (2020) を参照

第4章　学校教育で育成されるインサイドアウト思考
――外化としてのアクティブラーニングの推進から

1　はじめに

本書は、（インサイドアウト）思考に関心をもつあらゆる読者に向けて書かれている。しかしながら、本書を収める講話シリーズは、これまで筆者の専門的関心から、主として学校教育関係者に向けて書かれてきた経緯がある。ここでは講話シリーズの性格を考慮して一章を割き、今、学校教育における思考（力）の育成がどのように進められているかを述べておく。

これまでの学校教育では、推論、問題解決、論理的思考といったアウトサイドイン思考にかなり力を入れて指導してきたが、近年では、アクティブラーニングを始めとする学習によってインサイドアウト思考を育成するようになっている。ここから始めよう。なお、アクティブラーニングの理論的説明や登場の背景についてはこれまでいろいろなところで説明してきたので、必要最低限の説明にとどめる[63]。

2　外化としてのアクティブラーニングの推進

アクティブラーニングは、研究者によって様々な定義がなされてきた学習概念であり[64]、その捉え方にはかなりの多様性が見られる。政府から示される文書においても、同じ「アクティブ・ラーニング」という用語が用いられながら、その定義や説明が高等教育と初等中等教育でまったく別物となっている[65]。これらの状況は、アクティブラーニングという概念が、それを扱う研究者や教育実践家、行政等の関心や立場によってかなり異なることを示唆している。

それでも、私が定義した「一方向的な知識伝達型講義を聴くという（受動的）学習を乗り越える意味での、あらゆる能動的な学習のこと。能動的な学習には、書く・話す・発表するなどの活動への関与と、そこで生じる認知プロセスの外化を伴う[66]」は、一定程度、アクティブラーニングを抽象度の高いところで包括的に説明する、言わば傘概念（umbrella term）としての定義になっていると思われる。とくに、書く・話す・発表するなどの活動を通して行う認知プロセスの「外化」は、アクティブラーニングを端的に一言で説明している[67]。どのような関心や立場等で扱われるアクティブラーニングであっても、外化が全く伴わないアクティブラーニング概念の使用は認められないからである。

学術の世界で、外化は必ずしも厳密に定義して用いられているわけではないが、一般的に「アウトプット」とほぼ同義で用いられている[68]。本書では、認知科学に依拠して、思考を認知的な情報処理プロセス（図表2）における一つの認知機能として扱ってきた。この視座を用いれば、外化（output）を「認知的な情報処理プロセスを〝内〟と措定した時の〝外〟への出力」を指すものと定義することができる。認知的な情報処理プロセスの「内」部を通って、「外」に出力されることが外化であるとイメージすればよい。

私は、これまでアクティブラーニングを論じる中で、自らの考えや理解を外化することがアクティブラーニングの本質的ポイントであると説いてきた。そして、この意味での外化は、自らの考えや理解を思考した結果の外化であることに相等しい。しかし、認知科学を視座とすると、その思考は認知的な情報処理プロセスにおいて「思考」以外の認知機能を様々に関与させてなされた「思考」以上のものであると理解される。

復習しよう。**第1章2**で述べたように、人は、決して認知機能としての「思考」だけで思考（情報処理）するわけではない。「感覚・知覚」「記憶」「言語」「注意」といった他の認知機能をも駆使して、思考する。例えば、外部（環境）からの情報を入力し、外部で起こっていることを把握し（「感覚・知覚」）、時に内外の必要な情報を探索し選択する（注意）。そのプロセスにおいては、「記憶」にもアクセスして、自身の経験したことやこれまで学習した知識や情報も参照し、「感覚・知覚」「注意」の程度や拡がりを判断する。

「記憶」にアクセスするということは、経験（記憶）によって形式的な思考プロセスが歪められるということでもある。人は、「猫はワンと吠える」「猫を飼っている」「飼っている猫はワンと吠えますか」といった経験（記憶）に合致しない命題が与えられた時、「この命題はナンセンスだ」「猫はワンとは吠えない」などと言って、いとも簡単に思考（三段論法の演繹推論、情報処理）を停止させてしまう。認知機能としての「思考」のみで思考（情報処理）が進むのであれば、このようなことは起こらないはずである。しかし、実際には起きてしまう。それは、人が他の認知機能（感覚・知覚・記憶・言語・注意）にも必要に応じてアクセスしながら思考（情報処理）しているからである。

そしてもう一つ、認知科学の視座は、人が他者を始めとする環境との相互作用を通して心理社会的に思考（情報処理）することを説く。思考を個人一人の頭の中だけでの情報処理と見るのではなく、他者を始めとする環境との相互作用によっても情報処理されるプロセスと捉えることで、外化はかなり奥行きの深い行為であると理解される。

以上の認知科学の視座を踏まえて、アクティブラーニングの外化をまとめよう。

アクティブラーニングは外化を促し、自らの考えや理解を育てる近年の学校教育の代表的な新しい学習活動である。そのアクティブラーニングは、自らの考えや理解を外化するという意味で「思考力」を育てる学習活動である。しかしながら、認知科学に依拠して理解すると、その思考力は「思考」を中心としながらも、思考以外の様々な認知機能にもアクセスしてなされる総合的な認知的情報処理としての力であることが理解される。しかも認知的な情報処理は、他者を含めた環境との相互作用を通して心理社会的になされることが多い。思考する時には、思考以外の「感覚・知覚」「記憶」「言語」「注意」の他の認知機能にもアクセスし、時に他者を始めとする（外部）環境にもアクセスして、内・外を出たり入ったりしながら、情報処理を行う。アクセス先が多いと、情報量が増大し、良くも悪くも情報処理が複雑化することは必然であるが、**第３章２**で説いたように、他者との関係を利用して自分の考えを作ることを考えてみれば、その認知的な情報処理の複雑さが思考を促すメカニズムの特徴になっているとも言える。

３　外化とインサイドアウト思考はコインの表裏

概念的には、外化＝インサイドアウト思考ではない。外化は、出力される情報（情報処理の終点）に焦点を当てた概念であり、インサイドアウト思考は、入力された情報（情報処理の起点）から情報処理の初発プロセスに焦点を当てた概念である。両者は別概念である。

それにもかかわらず、両者が「自らの考えを作り、自分の言葉で表現する」ための行為を説く、実質的に同じ概念であるかのように見えてしまう理由は、両概念が同じコインの表裏の関係にあるからである。つまり、入力（起点）に焦点を当てて説けばインサイドアウト思考となり、出力（終点）に焦点を当てて説けば外化になるということである。

社会的にはいずれも重要なので、**はじめに**で紹介したアート思考のように、本書で呼ぶところのインサイドアウト思考、外化の両方を説くものが多く見られる。学校教育でももちろん両方が重要であるのだが、インサイドアウト思考はあまり表だっては説かれていないのが実情である。というのも、そもそも学校教育はあまたの問題を生徒・学生に与える学習状況が前提となっており、そこから出力の仕方を変えるだけで、結果としてインサイドアウト思考を育てることになるからである。**はじめに**のアート思考の例で言えば、美術館に連れて行かれて、「絵を観て思うことを自由に述べなさい」と問われるような状況である。サンリオピューロランドの例で言えば（**第2章5**）、都心から離れていて不便だという状況を想定して、「この問題状況に対してあなたはどのように解決策を見出しますか。自由に考えを述べなさい」と問われるような状況である。美術館に行きたくなくても、連れて行かれるのが学校であり、うんざりするほどの問題が与えられるのが学校だということである。したがって、与えられるこれらの問題に対して、「自分の考えを作り、自分の言葉で表現する」（**第3章1**）こと、すなわち、徹底的に外化を行えば、それが結果としてインサイドアウト思考のトレーニングになる。グループワーク等のアクティブラーニングも導入されているので、他者との関係を大いに利用して自分の考えを作り出していけば、インサイドアウト思考はかなりできるようになるはずである。

もっとも、その「出力の仕方を変えるだけで」がそう簡単には進まない。それは、「出力の仕方を変える」ことが、学校教育のこれまでの教え方や学習の力学や構造を根本から変えることになるからである。それは、次節で説明するような、教師が生徒・学生に「何を教えたか」の教授パラダイムから、生徒・学生が「何を学び、身に付けることができたか[69]」に焦点を当てる学習パラダイムへの転換と呼ばれているものである。外化（アクティブラーニング）はこの転換を促す学習法である。インサイドアウト思考よりもまず、知識や問題が与えられた（＝情報が入力された）後の出力の仕方、すなわち外化あるいは外化に至る手前の情報処理プロセスが目下の乗り越えたい課題であり、ここが乗り越えられれば、先に述べたように、外化を促すことが結果としてインサイドアウト思考の力を育てることになる。

そのような学校教育でも、インサイドアウト思考を積極的に説いている箇所がある。それは、小中学校の「総合的な学習の時間」、高校の「総合的な探究の時間」、いわゆる探究的な学習における「課題の設定」と呼ばれるところである。課題の設定は、文部科学省の『解説[70]』で「探究のプロセス」と

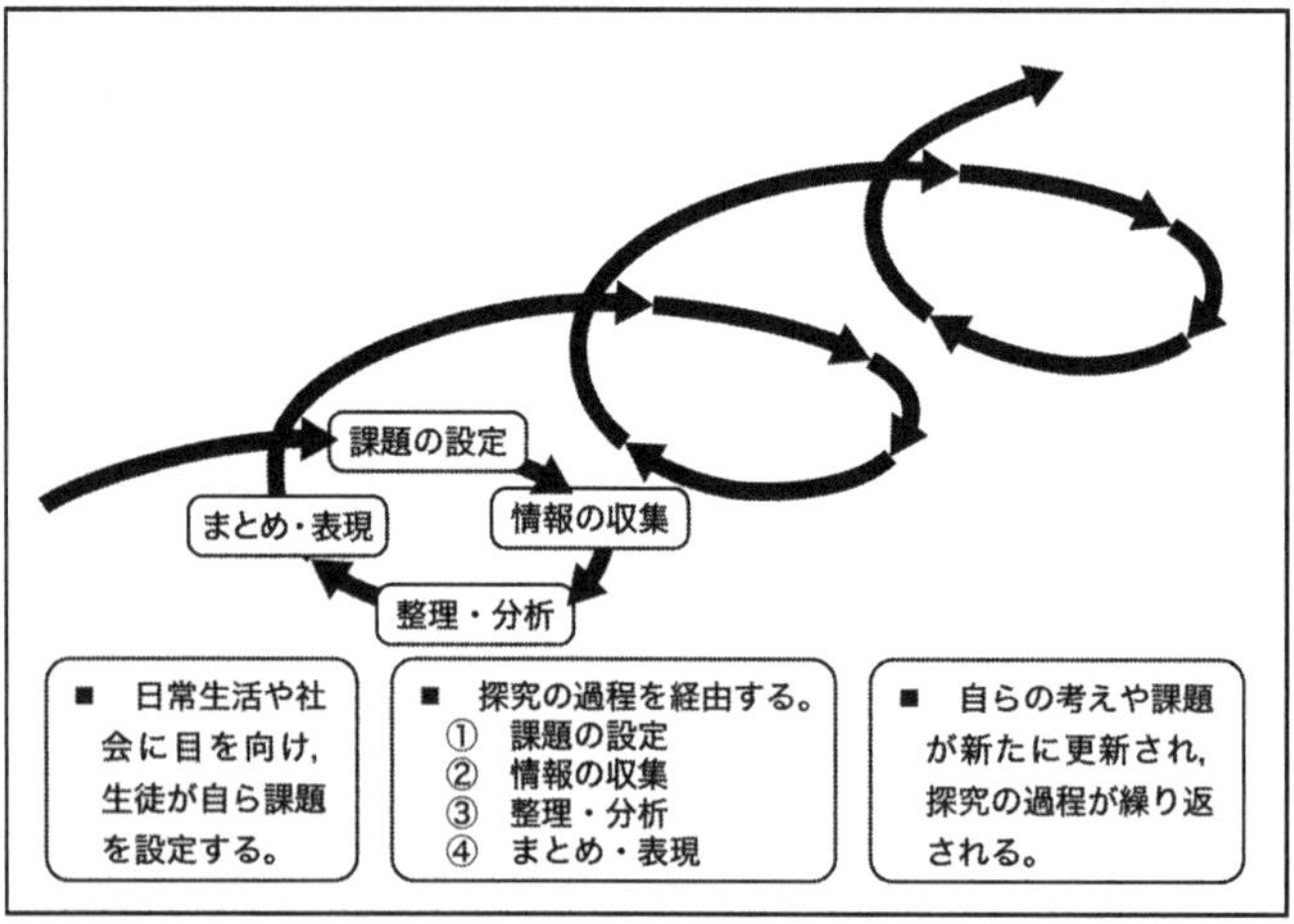

図表14　探究のプロセス[71]

呼ばれる探究基礎力の一つとして示されている。**図表14**に示すように、探究のプロセスには、①課題の設定、②情報の収集、③整理・分析、④まとめ・表現があるとされ、ここで問題にしている課題の設定は①に相当する。

　課題の設定は、『解説』では、「日常生活や社会に目を向けた時に沸き上がってくる疑問や関心に基づいて、自ら課題を見付け[72]」ることと説明されている。これはインサイドアウト思考そのものである。

　そして、課題の設定は探究的な学習のみに求められるものではなく、これまでの国語や数学、社会、理科などの一般的な教科においても、様々な問いを立てながら学習することとして求められている。文部科学省の学習指導要領では、二〇〇八年改訂[73]ですでに、今日「学びの過程」

と呼ばれる習得・活用・探究の考えが提示されている。「習得」は教科での知識習得を中心とした学習、「探究」は総合的な学習・探究の時間での学習と理解すればよい[74]。習得・活用・探究の学びの過程は、一方で、教科の学習で「習得」した知識を「探究」で教科横断的に、総合的に学習することを求め、他方で、「探究」で学んだ課題の設定などの探究基礎力を教科の「習得」的学習にも活かすことを求めている。「探究」で学ぶインサイドアウト思考を「習得」で活かすことが求められているとも言える。

4　教授学習パラダイムとアウトサイドイン・インサイドアウト思考との関連

3で述べたように、今日の学校教育では教授パラダイムから学習パラダイムへの転換が図られている。アクティブ・ラーニングや主体的・対話的で深い学び、資質・能力の育成、学力の三要素、習得・活用・探究など、近年の文部科学省施策の様々な取り組みはこの流れに乗ったものである。そして、本書で説くインサイドアウト・アウトサイドイン思考もまた、このパラダイム転換に密接に関連している。

簡潔に説明すれば、教授パラダイムは「教師主導（teacher-centered）」、学習パラダイムは「生徒主導（student-centered）」であることを特徴とする[75]。教授パラダイムにおける典型的な授業形態は教師から生徒への一方通行的な講義であり、**図表15**に示すように「教師から生徒へ」「知識は教師から伝達されるもの」を特徴とする。しかしながら、ここではもっと広くとって、教師が設定する学習目標に向かって行われるあらゆる教授学習の活動とする。それに対して学習パラダイムは、「学習は生徒中心」「学習を生み出すこと」「知識は構成され、創造され、獲得されるもの」を特徴とする、生徒自身の観点で取り組まれる学習を指す。

ベイン[76]は、教師が教室で行うこと（＝教授パラダイム）それ自体が重要なのではない、生徒がいかに考え、活動し、感じるか、そこに教師がどのような働きかけや手助けをすることができるか（＝学習パラダイム）が重要である、と両パラダイムを対比させている。ビッグスら[77]も、教師が何をするかではない、生徒が何を学ぶかが重要だと述べる。さらに、アンブローズら[78]は、学習パラダイムにおける学習は、プロダクト（product）ではなく（＝教授パラダイム）、プロセス（process）なのだ、変化（change）なのだ、と述べる。

学習パラダイムは教授パラダイムに相対する概念として提示されたものであるが、提唱者の一人であるタグ[79]自身が述べるように、両パラダイムは決して二項対立の関係にあるものではない。教授パラダイムに基づき、教師主導で生徒に知識を伝達する講義の時間はあってよく、その時間は学習パラダ

図表15　教授パラダイムと学習パラダイムの特徴[80]

教授パラダイム	学習パラダイム
教師から生徒へ	学習は生徒中心
知識は教師から伝達されるもの	学習を生み出すこと
	知識は構成され、創造され、獲得されるもの

イムによって否定されるものではない。タグが「学習パラダイムは活動の場を拡げ、教授パラダイムを越えたところに私たちを移動させるのである」と述べるように、学習パラダイムは教授パラダイムを基礎として、教授学習活動を豊かに拡張・発展させるものである。その特徴を示したのが**図表16**である。学習パラダイムは、教授パラダイムを含み込み、基礎としつつ（全生徒が枠へ到達）、それを越えて生徒個々人の個性的な学習成果を求めるパラダイムなのである。

本書がテーマとする認知的な情報処理の観点から考えると、教授パラダイムに基づく学習というのはアウトサイドイン思考を働かせたものである。というのも、教授パラダイムに基づく学習は、入力する情報（教師から教えられる知識）と出力する情

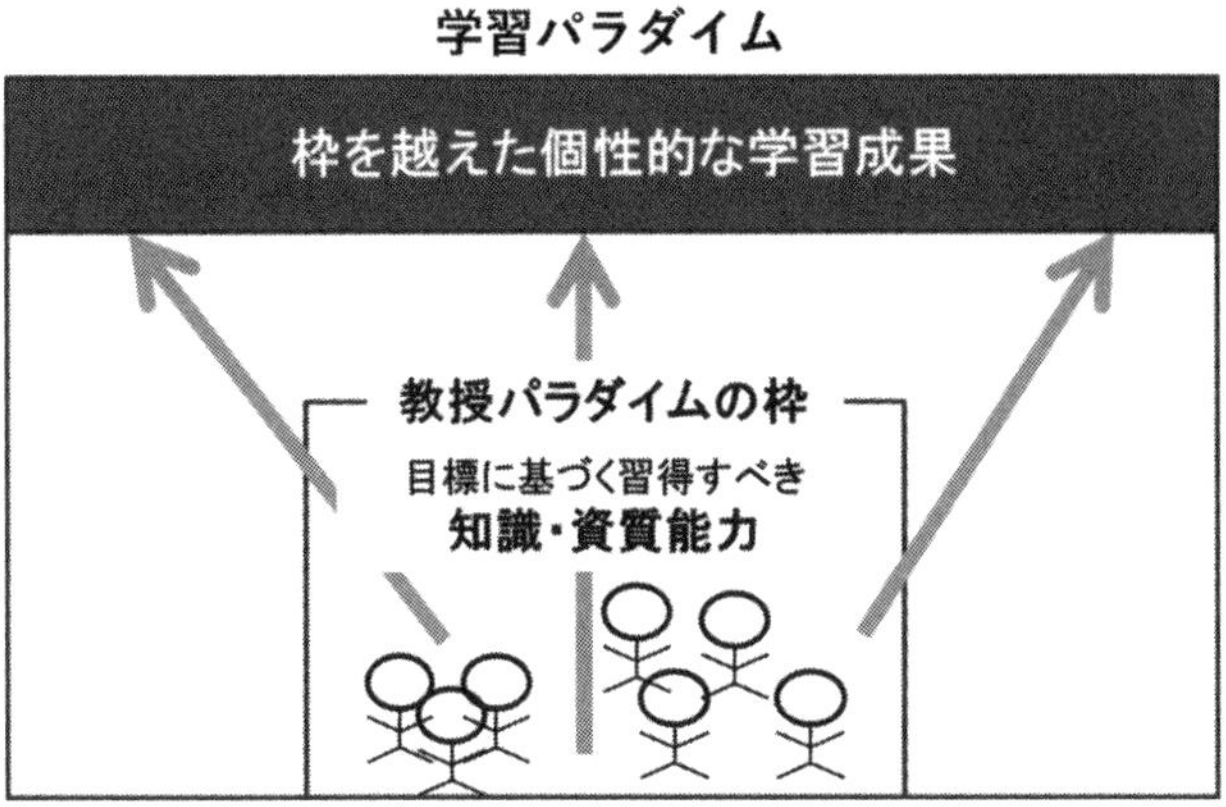

図表16　教授パラダイムに基づき、その枠を越えるところに学習パラダイムに基づく個性的な学習成果の空間がある[81]

報（生徒・学生の理解）とを限りなく一致させていく思考（情報処理）を求めるものであり、それは起点（入力）から終点（出力）に至るプロセスを問題とするからである（第2章2）。これ、すなわち「理解」と呼ばれるものである。教科で基礎的な思考として教え、身に付けさせる推論や問題解決、意思決定、アナロジーといった思考タイプ（第1章3）、そして論理的思考（第2章3(1)）もアウトサイドイン思考である。

他方で、学習パラダイムに基づく学習というのはインサイドアウト思考を働かせたものである。学習パラダイムへの転換としてアクティブラーニングが推進され、そのアクティブラーニングが、自らの考えを作り、自分の言葉で表現するという「外化」を大きな特徴としている（前節3）。起点（入力：問題や課題などが与えられる）はあっても、どのような情報を出力するかはわからない中で進められる思考様式（第2章2）であるから、それはインサイドアウト思考と呼べるものである。

もっとも、学習パラダイムへの転換は、教授パラダイムとの相補的な関係の中で考えられるべきものであることを図表16を通して説明した。前節の最後で紹介した習得・活用・探究においても、**図表17**で示すように、習得＝教授パラダイム（アウトサイドイン思考）、探究＝学習パラダイム（インサイドアウト思考）と単純に考えられているわけではない。「習得」は主として教授パラダイム（アウトサイドイン思考）で営まれるが、一部アクティブラーニング（外化：インサイドアウト思考）も組み込まれる。他方、「探究」は主として学習パラダイム（インサイドアウト思考）で営まれるが、一部、情報の収集の仕方、レポートの書き方などを教えるといった教授パラダイム（アウトサイドイン思考）での授業もなされる。

以上から、今日の学校教育の学習においては、アウトサイドイン思考（教授パラダイム）とインサイドアウト思考（学習パラダイム）が相補的に組み合わされて柔軟に設計されているとまとめられる。

5　インサイドアウト思考とアウトサイドイン思考の相補的な組み合わせ

教授パラダイム（アウトサイドイン思考）が確立し過ぎた現代の学校教育を見直すべく、前節まで、外化としてのアクティブラーニングや探究的な学習などの学習パラダイム（インサイドアウト思考）への転換が促されていることを見てきた。しかし、その転換においては、教授パラダイム（アウトサイドイン思考）を踏まえながら、その重要性を見失うことなく、学習パラダイム（インサイドアウト思考）への転換が促されていることも見てきた。いずれか一方だけが重要で、結果他方を排斥するということではなく、両パラダイムのバランスを相補的に図りながら転換していき、

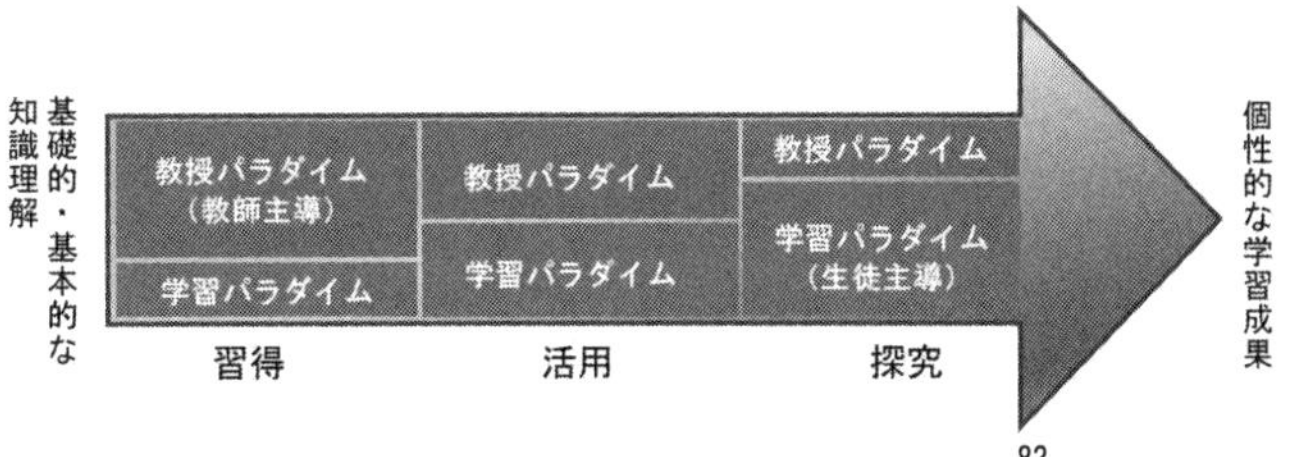

図表17　習得・活用・探究と教授学習パラダイムの関連[82]

両思考を育てることが重要であると考えられているのである。

本節では、外化としてのアクティブラーニングと並んで、今日の新しい学習論の中核となる「深い学び」を紹介する。深い学びは、学習パラダイムに基づく代表的な学習の一つであるが、実はアクティブラーニングと違って基本的にはアウトサイドイン思考に基づく学習である。しかし、そこでもインサイドアウト思考として「深い学び」を適用した思考法が提案されていて、結果的にはアウトサイドイン思考・インサイドアウト思考のバランスある育成が重要だと考えられている。以下、見ていこう。

(1)深い学び

「深い学び（deep learning）」は、高等教育、初等中等教育いずれにおいても、外化としてのアクティブラーニングとセットで提起されている、教授パラダイムから学習パラダイムへの転換を進める中で外せない学習概念である[83]。

2の説明に従えば、書く・話す・発表するなどの外化を求めるアクティブラーニングは、主に生徒の能動的な学習態度・行動を説くものである。しかしながら、知識・技能の習得を基礎とする学校教育では、（能動的な）学習態度・行動だけでなく、学習内容の（深い）理解がセットで説かれなければ、取り組みが本質的なものにならず、結果として学習パラダイムへの転換が画餅に帰してしまう。深い学びはこの文脈で提起されているものであり、高等教育では松下らの「ディープ・アクティブラーニング[84]」として、初等中等教育では、新学習指導要領における「主体的・対話的で深い学び」として具現化している（傍線部は筆者による）。共に、主体的・能動的な学習とセットで用いられている点を確認してほしい。

深い学びもアクティブラーニングと同様に、これまで様々な考え方、学術的立場が提起されている。対立概念として明に暗に措定される「浅い学び（surface learning）」をどのように定義して、そこから学びの「深さ」をどのように捉えるかが、深い学びの概念を見ていく基本的なポイントとなる。

古典とも言えるマルトンとセーリョ[85]の論は、浅い学びの定義、そこから原初的なレベルで深い学びをどのように捉えるかの基本的視座を提供している。多くの深い学び論も、ここまでは共有されていると十分に考えられる。

マルトンらによれば、浅い学びは、ある学習を他の知識や考え、経験等と関連付けないで行う学習のことである。いわゆる「棒暗記」は浅い学びの代表である。それに対して深い学びは、ある学習を他の知識や考え、経験等と関連付けて学習する。言い換えれば、あることと他のこととを「繋ぐ（connection）」「関連付ける（association）」学習のことである。オーズベル[86]はこのような学習のことを「有意味学習（meaningful learning）」と呼んだが、まさに人はそれまで繋がっていなかったある事と他の事とが繋がった、関連付けられた時に、「なるほど、そういうことか」「やっと意味が分かった」と言うのである。深い学び、浅い学びのイメージをもう少し具体的にもつために、マルトンらの論を発展させたエントウィッスルら[87]の深い学び・浅い学びの特徴を**図表18**に示しておく。

(2) 新学習指導要領における深い学び

次に、初等中等教育における新学習指導要領で求められる深い学びについて見よう。

中央教育審議会『幼稚園、小学校、中学校、高等学校及び特別支援学校の学習指導要領等の改善及び必要な方策等について（答申）』（二〇一六年一二月二一日）で出された「主体的・対話的で深い学び（アクティブ・ラーニングの視点）」では、深い学びは次のように説明されている。

図表18　深い学びと浅い学びの特徴[88]

深い学び
・これまで持っていた知識や経験に考えを関連づけること
・パターンや重要な原理を探すこと
・根拠を持ち、それを結論に関連づけること
・論理や議論を注意深く、批判的に検討すること
・学びながら成長していることを自覚的に理解すること
・コース内容に積極的に関心を持つこと

浅い学び
・コースを知識と関連づけないこと
・事実を棒暗記し、手続きをただ実行すること
・新しい考えが示されるときに意味を理解するのに困難を覚えること
・コースか課題のいずれにも価値や意味をほとんど求めないこと
・目的や戦略を反映させずに勉強すること
・過度のプレッシャーを感じ、学習について心配すること

深い学び　習得・活用・探究という学びの過程のなかで、各教科等の特質に応じた「見方・考え方」を働かせながら、知識を相互に関連づけてより深く理解したり、情報を精査して考えを形成したり、問題を見出して解決策を考えたり、思いや考えを基に創造したりすることに向かう深い学び。

この説明には、学術的な深い学びの考え方がしっかり踏襲されている。とくに、「知識を相互に関連づけてより深く理解したり」の部分は、学習を他の知識や考え、経験等と関連付けて学習することが「深い学び」であると(1)で説明したこととほぼ同じである。もっとも、その後の説明の「情報を精査して考えを形成したり、問題を見出して解決策を考えたり、思いや考えを基に創造したりすることに向かう深い学び」の部分は、深い学びというよりは、学習パラダイムに基づいた学習を行うこととほぼ同義であり（**第4章4**と図表15を参照）、学術的には「深い学び」と必ずしも呼ぶ必要のないものである。

新学習指導要領の「深い学び」の独自性は、その上で各教科固有の「見方・考え方」（**図表19**）を働かせて、教科固有の深い学びに学習を方向付けていることである。学術的な深い学びの基本的視座は一般的にここまで求めるものではないが、新学習指導要領の深い学びは各教科の学習内容の理解

図表 19　各教科等の特質に応じた見方・考え方のイメージ

言葉による見方・考え方	自分の思いや考えを深めるため、対象と言葉、言葉と言葉の関係を、言葉の意味、働き、使い方等に着目して捉え、その関係性を問い直して意味付けること。
社会的事象の地理的な見方・考え方	社会的事象を、位置や空間的な広がりに着目して捉え、地域の環境条件や地域間の結び付きなどの地域という枠組みの中で、人間の営みと関連付けること。
社会的事象の歴史的な見方・考え方	社会的事象を、時期、推移などに着目して捉え、類似や差異などを明確にしたり、事象同士を因果関係などで関連付けたりすること。
現代社会の見方・考え方	社会的事象を、政治、法、経済などに関わる多様な視点（概念や理論など）に着目して捉え、よりよい社会の構築に向けて、課題解決のための選択・判断に資する概念や理論などと関連付けること。
数学的な見方・考え方	事象を、数量や図形及びそれらの関係などに着目して捉え、論理的、統合的・発展的に考えること。
理科の見方・考え方	自然の事物・現象を、質的・量的な関係や時間的・空間的な関係などの科学的な視点で捉え、比較したり、関係付けたりするなどの科学的に探究する方法を用いて考えること。
音楽的な見方・考え方	音楽に対する感性を働かせ、音や音楽を、音楽を形づくっている要素とその働きの視点で捉え、自己のイメージや感情、生活や社会、伝統や文化などと関連付けること。
造形的な見方・考え方	感性や想像力を働かせ、対象や事象を、造形的な視点で捉え、自分としての意味や価値をつくりだすこと。
体育の見方・考え方	運動やスポーツを、その価値や特性に着目して、楽しさや喜びとともに体力の向上に果たす役割の視点から捉え、自己の適性等に応じた『する・みる・支える・知る』の多様な関わり方と関連付けること。
保健の見方・考え方	個人及び社会生活における課題や情報を、健康や安全に関する原則や概念に着目して捉え、疾病等のリスクの軽減や生活の質の向上、健康を支える環境づくりと関連付けること。
技術の見方・考え方	生活や社会における事象を、技術との関わりの視点で捉え、社会からの要求、安全性、環境負荷や経済性等に着目して技術を最適化すること。
生活の営みに係る見方・考え方	家族や家庭、衣食住、消費や環境などに係る生活事象を、協力・協働、健康・快適・安全、生活文化の継承・創造、持続可能な社会の構築等の視点で捉え、よりよい生活を営むために工夫すること。
外国語によるコミュニケーションにおける見方・考え方	外国語で表現し伝え合うため、外国語やその背景にある文化を、社会や世界、他者との関わりに着目して捉え、目的・場面・状況等に応じて、情報や自分の考えなどを形成、整理、再構築すること。
道徳科における見方・考え方	様々な事象を道徳的諸価値をもとに自己との関わりで広い視野から多面的・多角的に捉え、自己の人間としての生き方について考えること。
探究的な見方・考え方	各教科等における見方・考え方を総合的に活用して、広範な事象を多様な角度から俯瞰して捉え、実社会や実生活の文脈や自己の生き方と関連付けて問い続けること。
集団や社会の形成者としての見方・考え方	各教科等における見方・考え方を総合的に活用して、集団や社会における問題を捉え、よりよい人間関係の形成、よりよい集団生活の構築や社会への参画及び自己の実現と関連付けること。

＊中央教育審議会『幼稚園、小学校、中学校、高等学校及び特別支援学校の学習指導要領等の改善及び必要な方策等について（答申）』（2016 年 12 月 21 日）、別紙 1 より

と無関連ではいられないことから、教科固有の見方・考え方を働かせた深い学びを求める構造となっている。

⑶インサイドアウト・アウトサイドイン思考に論を繋げて

インサイドアウト・アウトサイドイン思考の観点から議論をまとめよう。

筆者の考えでは、マルトンら、エントウィッスルら（図表18）、新学習指導要領で説明される深い学びはいずれも、起点から終点に至る情報処理プロセスを問題としているという意味において、アウトサイドイン思考に基づくものである。ある学習において、他の知識や考え、経験等と「繋ぐ」「関連付ける」ことをしていなければ、深い学びとは見なされないわけであるから、これはアウトサイドイン思考そのものである。しかも、新学習指導要領ではそれにとどまらず、「見方・考え方」によって教科固有の情報処理の仕方、終点へと方向付け、アウトサイドイン思考の程度をいっそう強めている。ただ「繋ぐ」「関連付ける」だけでは、新学習指導要領としての深い学びにはならないと釘を刺しているのである。

しかし、**第３章４**で説いたように、アウトサイドイン思考のポイントがわかっているのなら、それを利用してインサイドアウト思考のスキルにするという考え方があるはずである。実際、黒上ら[89]は「シンキングツール」と称するツールやアプリを開発して、子どもの思考スキルの育成を実践している。彼らは、インサイドアウト思考のスキルとして利用しようなどと考えてシンキングツールの開発や実践を行っているわけではないが、本書の論に照らせば、彼らの行っていることはそのように特徴付けられる。

　シンキングツールで示される思考スキルの特徴を見ると、「理由付ける」「具体化する」「応用する」「多面的に見る」などとなっている（**図表20**）。深い学びの「繋ぐ」「関連付ける」の特徴を、より実践的な思考スキルへと多側面で具現化していることがわかる。何かしらの考えを創り出そうとするインサイドアウト思考を、さらに深い学びへと方向付ける思考スキルとしているのである。ひいては、インサイドアウト思考とアウトサイドイン思考が組み合わさった思考育成となっているのである。

①関係付ける	⑪多面的に見る
②関連付ける	⑫順序立てる
③理由付ける	⑬焦点化する
④具体化する	⑭広げてみる
⑤抽象化する	⑮変換する
⑥応用する	⑯変化をとらえる
⑦見通す	⑰要約する
⑧比較する	⑱構造化する
⑨分類する	⑲評価する
⑩推論する	

図表20　シンキングツールにおける思考の特徴[90]

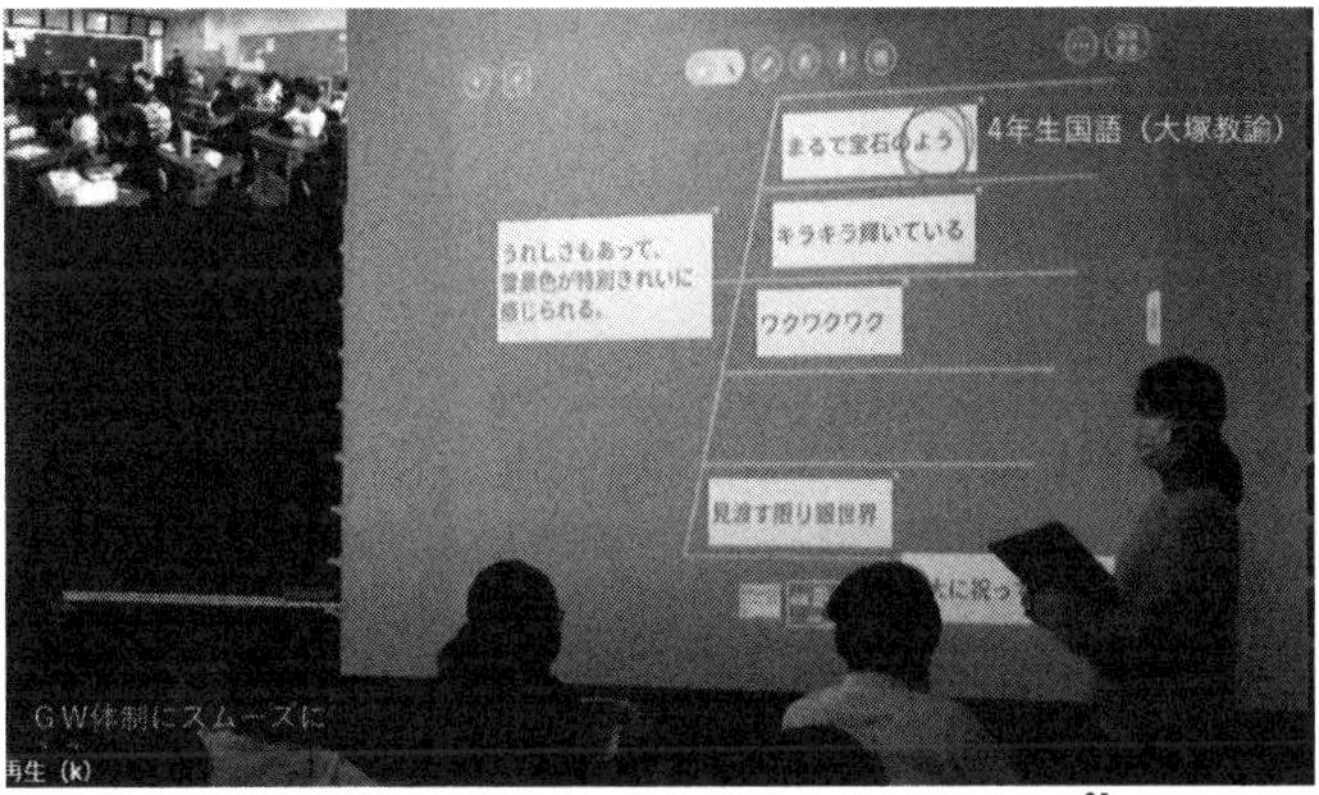

図表 21　シンキングツールを用いた桐蔭学園小学校の実践[91]

(4) 批判的思考もリフレクションもアウトサイドイン思考からインサイドアウト思考へ

近年、批判的思考研究の中では、論理性を検証するブレーキ機能としての批判的思考だけでなく、アクセル機能としての批判的思考をも検討すべきだという考えが広まっている[92]。そのアプローチは、批判的思考に創造的思考や他者への開かれた態度、共感や理解、ケアといった態度要素を加えて検討することである。「第二波のアプローチ」「拡張的批判的思考」とも呼ばれている[93]。

第2章4(1)で、批判的思考は起点と終点の二地点を設定し、その間の論理性や情報処理形式を問題にするアウトサイドイン思考であると述べた。ここでブレーキ機能と呼ばれるものはアウトサイドイン思考に相当する。他方で、創造的思考等を生み出すアクセル機能は、創造的思考がインサイドアウト思考であると述べたことから（**第2章4(2)**）、インサイドアウト思考に相当する。第二波のアプローチの眼目は、思考（情報処理）プロセスを終点から起点に向けて戻って批判的に検証するプロセスの中に、そこから前へと向かう、新しい思考や態度を生み出す創造的契機があるだろうというものである。批判的に後退して、創造的に前進するということである。アウトサイドイン思考とインサイド思考が相補的に組み合わされている好例である。

批判的思考のプロセスを担う「リフレクション（reflection）」の概念も見ておこう。第2章3⑵で、批判的思考の定義の一つとして、「②意識的な省察（reflection）を伴う熟慮的な思考」と説明した通りである。学校教育ではもちろんのこと、学術的な様々な活動・実践、フィールドワークなどでこの概念は多用されており[94]、経験から何を学び、活動・実践を発展させていくかの戦略的スキルとなっている。

学術的には、reflection は「省察」と訳されることが多いが[95]、「反省」や「振り返り」と訳されることも少なくない。reflection を「反省」「振り返り」と訳してしまうと、日本人は批判的思考のブレーキ機能としてのみ理解し、振り返り、反省から新しい思考、創造的思考（アクセル機能）へとステップアップしないイメージをもってしまう。そこで「省察」と訳されたり、カタカナで「リフレクション」と表記されたりしている。

訳や表記がどうであれ、ポイントは過去を振り返りつつ（ブレーキ機能、アウトサイドイン思考）、そこから未来に向けて創造的思考（アクセル機能、インサイドアウト思考）を行うことである。このようなリフレクションを実践的に説くのは、熊平[96]の論である。熊平は、**図表22**のように、変えられない過去をただ反省するのではなく、過去の結果を振り返りながらも未来に向けた思考を行う。それがリフレクションであると説いている。アウトサイドイン思考とインサイドアウト思考が相補的に組み合わされたリフレクションが実践的に説かれている。

学校教師の授業実践において提起する千々布[98]のリフレクション論も紹介しよう。上記と同じリフレクション概念であるが、過去・反省／振り返り（アウトサイドイン思考）から未来・創造的思考（インサイドアウト思考）へというロジックで説かれてはいない。しかし、アウトサイドイン思考からインサイドアウ

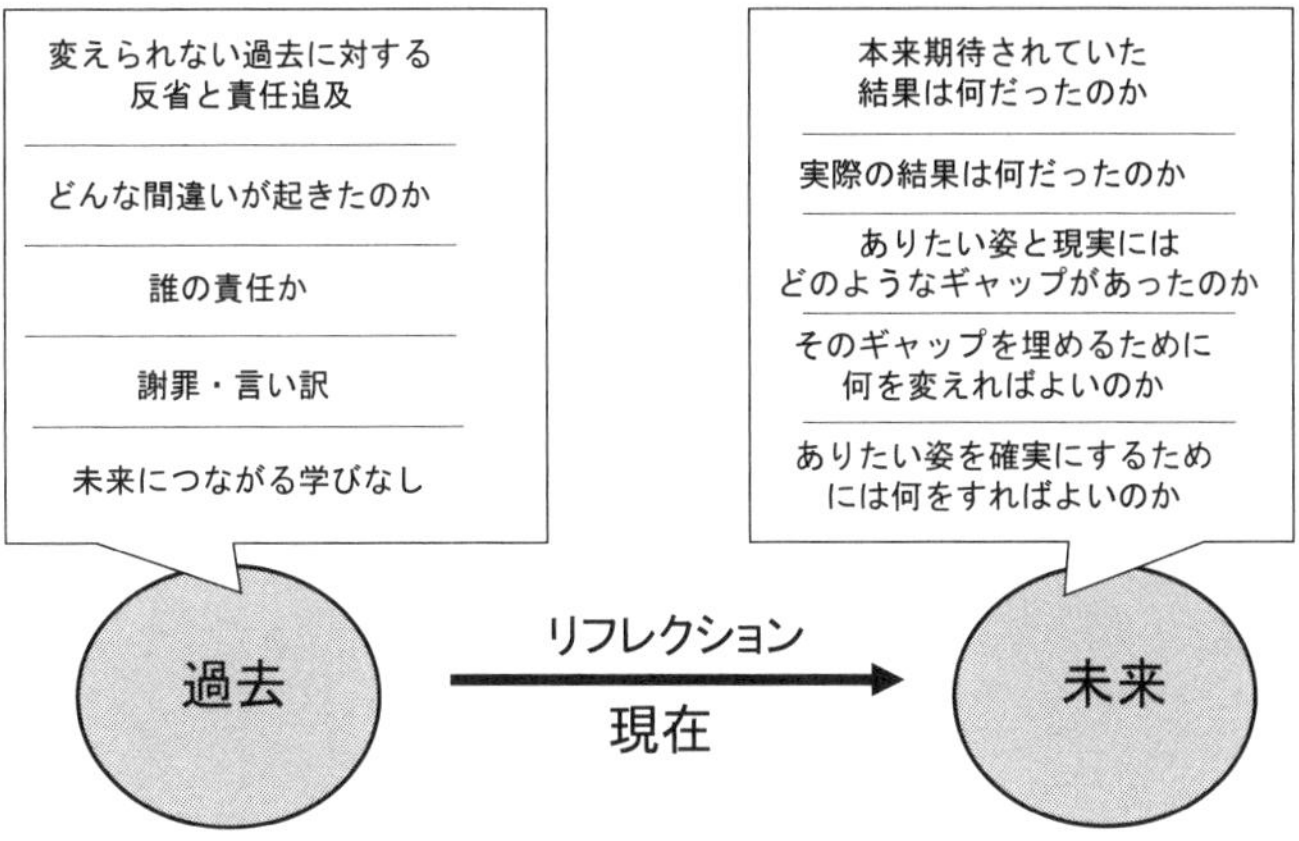

図表22　過去から未来へと向かうリフレクション[97]

ト思考へというロジックは示していて、興味深い。

千々布は、バンマネン[99]が論じた自己決定的で、共同体的で、正義・公正・自由に基づく批判的な実践へと至るリフレクション段階を踏まえて、次の①〜③の教師のリフレクション段階を提起している

①技術的リフレクション…ある目的を達成するために、汎用的な原則を技術的に応用すること
②実践的リフレクション…個人的な経験、認識、信念などを分析し、実践的な行動を方向付けること
③批判的リフレクション…それらの価値を深く考え、その背後にある社会的な制約やイデオロギーを批判的に省察すること

①技術的リフレクションに基づく実践は、例えば政府の指導書通り、校長の指示通りに実践することが正しいと考えられているような実践である。それに対して、②実践的リフレクションに基づく実践は、個人的な経験や認識、信念などを踏まえて、自分なりの実践をしていくことである。最後に、③批判的リフレクションに基づく実践は、単に自分なりの実践ができればいいというのではなく、その実践にどのような社会的価値や意義があるのかまで批判的に吟味して実践を行うことで

ある。千々布は、校長の方針や政府の指導書を読み込み、解釈し、自らの経験や信念などを踏まえた自分なりの実践に落とし込んでいく重要性を説く。そして、実践に伴う社会的な価値や意義まで吟味して、自身の哲学をもった実践にしていく。そのような批判的リフレクションの段階まで到達した授業実践を目指して教師を指導している。

千々布のリフレクション論を本書の枠組みから考察すると次のようになる。

千々布の論は、能楽や茶道、武術などの技芸の修業工程で説かれる「守破離」の思想[100]に近い考え方を取っている。現代的に一般化して言えば、それは先達の教えを受け継ぎつつ（「守」）、その教えを自分なりに読み解き、実践していく（「破」）。そして、「守」「破」を基礎としてそこから自由に「離」れていく技芸の発展段階を指す。

千々布のリフレクション論は、技術的リフレクション（守）、実践的リフレクション（破）、批判的リフレクション（離）にそれぞれ対応すると考えられる。最終的には批判的リフレクションへと発展することを説くが、だからといって基礎となる技術的・実践的リフレクションを蔑ろにしていいとは言わない。あくまで基礎としての技術的・実践的リフレクションがあってこそ、破って離れていく批判的リフレクションが際立つのである。

さて、学校教育の中で守破離に近い考え方を示すものがある。図表16で示した、教授パラダイムの枠を越える形で学習パラダイムへの転換を捉える図式である。教授パラダイムは、教師がすべての生徒に達成を期待する、学習目標に基づく基礎的な学習成果の枠である。守破離の「守」に相当する。その枠を越えようとすることが「破」に相当し、越え出た先の個性的な学習成果が「離」に相当する。そして、４で述べたように、教授パラダイムはアウトサイドイン思考に相当し、学習パラダイムはインサイドアウト思考に相当するから、以上を踏まえて、守破離の思想はアウトサイドイン思考からインサイドアウト思考への発展を説くものとまとめられる。さらには、千々布のリフレクション論も、アウトサイドイン思考からインサイドアウト思考への発展を説くものとまとめられる。これもまた、アウトサイドイン思考とインサイドアウト思考が相補的に組み合わされている好例の一つである。

(5)対話型論証モデルとＩＢＬ

本節のテーマ（インサイドアウト思考とアウトサイドイン思考の相補的な組み合わせ）をさらに確認するために、深い学びとは別の教育実践を二つ紹介する。

一つ目に、松下[101]の対話型論証モデルである。これは、ある程度抽象的な概念や形式的な論理が扱える中学校から大学にかけて、そして探究的な学習（総合的な学習・探究の時間、ＰＢＬなど）はもちろんのこと、あらゆる教科の学習で用いることが可能と考えられているモデルである。

対話型論証（dialogical argumentation）とは、「ある問題に対して、他者と対話しながら根拠をもって主張を組み立て、結論を導く活動」と定義されている。それをモデル化したのが**図表23**である。モデルの構成要素となる問題や主張などは次のように説明されている[102]。

①**問題**　ある対象や状況についての問題意識やその背景。そこから設定した問題（課題や問い）

②**主張**　問題に対する特定の考え。事実・データと論拠によって支持され、対立意見への反駁によって強化される

③**事実・データ**　主張を支える具体的な材料

④**論拠**　事実・データを主張に結びつける土台となる理由

⑤**対立意見**　設定した問題に対する自分とは対立する（少なくとも、異なる）意見。対立意見にも、それを支える事実・データや論拠がある

⑥**反駁**　対立意見に対し、自分の主張を擁護するための反論

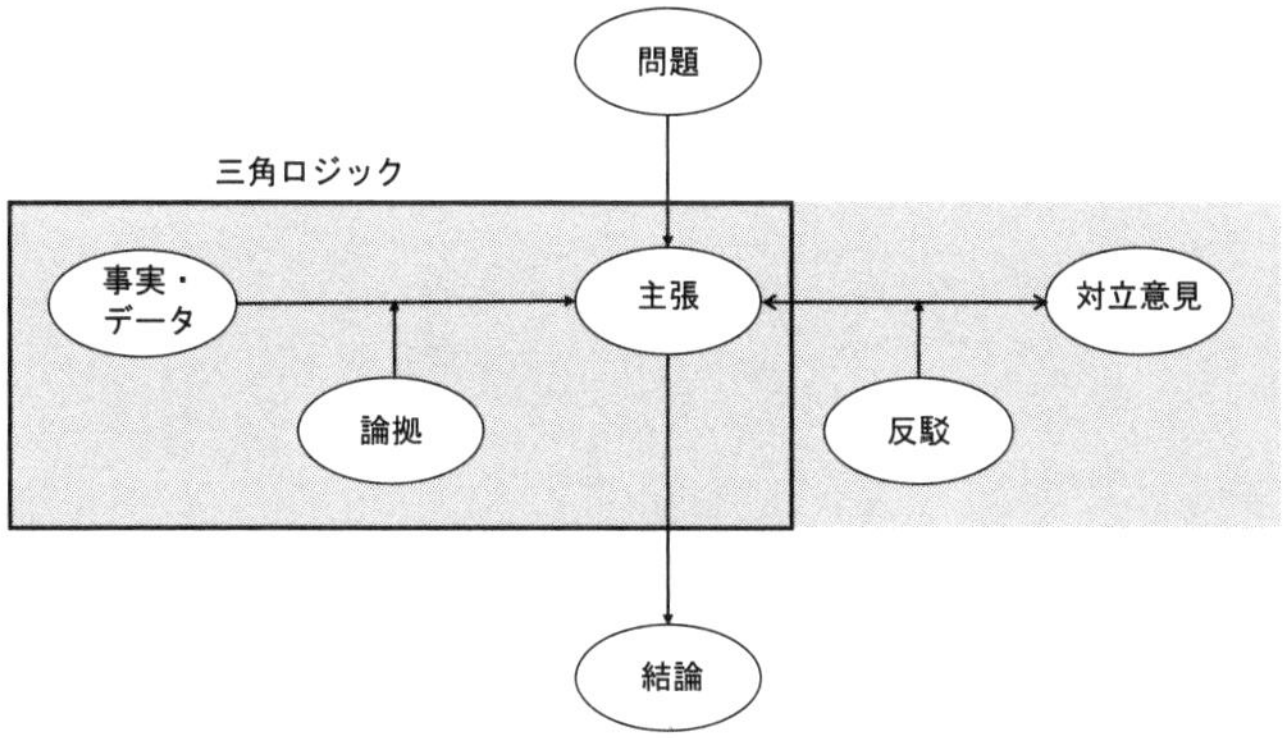

図表23　対話型論証モデル[103]

⑦**結論**　複数の主張を統合して得られる結論。設定した問題に対する答え

このモデルが目指す基本的な目的は、対話型「論証」と命名されているように、ある問題から結論を導き出すための論理的プロセス（事実・データ、論拠など）を検討することにある。起点（問題）から終点（結論）に至る情報処理プロセスを問題にしていることから、典型的なアウトサイドイン思考に基づくモデルである。しかし、モデルの起点となる問題意識、あるいは課題を作る部分は、**図表24**を示しながら次のように述べられている。

「問題意識は、実生活や実社会を見つめる中で感じる現実と理想とのギャップ（ずれ・隔たり）から生まれます。また、具体的な事象や状況を他と比較したり、関連付けたりした時に感じる違和感や矛盾、興味・関心やあこがれも課題発見の手がかりとなるでしょう。さらに、フィールドワークで地域の人や専門家と対話する体験を通じて、新たな気づきや価値のある課題が見つかることもあります。[104]」

アウトサイドイン思考に基づく対話型論証モデルを説く場合でも、その起点となる問題意識や課題の設定は、結局のところ、自分で見出していくものだと述べられている。そのポイントは「ギャップ」（ずれ・隔たり）や「関連付け」などであり、それは**第3章2**で、他者とのズレや関係を通して自身（自己）

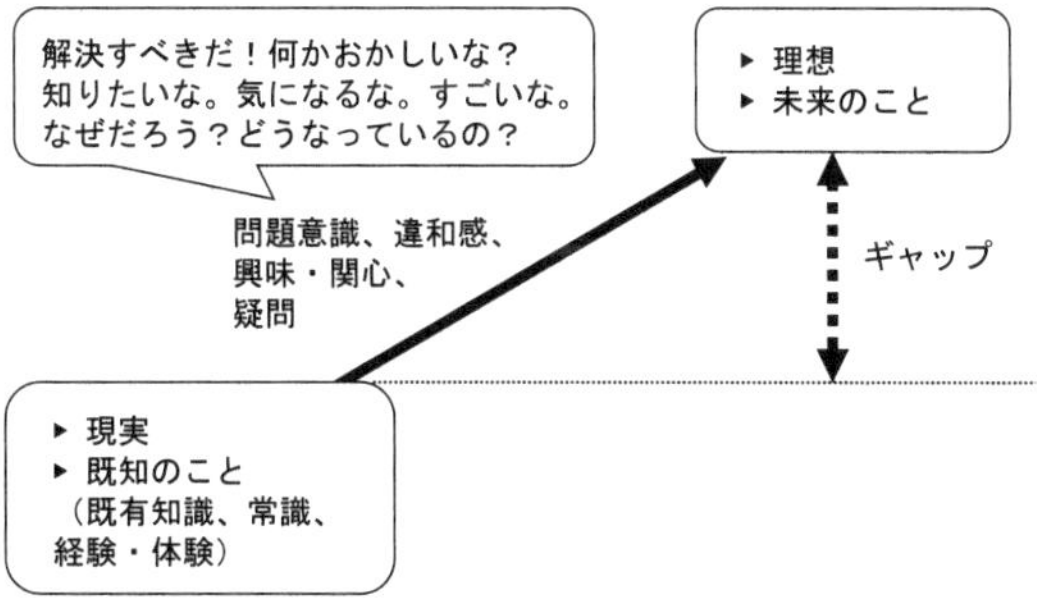

図表24　課題を見つけるポイント[105]

の考えを作っていくと説いたこととほぼ同じである。ここでは、他者だけでなく、自身の理想とのギャップもポイントになると説かれており、それもインサイドアウト思考のポイントとして参考になる。

典型的なアウトサイドイン思考に基づくモデルを説く中で、必然的にインサイドアウト思考を説かざるを得なくなっている構造が筆者には興味深い。アウトサイドイン思考とインサイドアウト思考の相補的な組み合わせが目指されている好例である。

もう一つ、看護教育において赤澤・西薗[106]が提唱する「ＩＢＬ (inquiry-based learning)」の実践も紹介する。

ＩＢＬはアクティブラーニングの一つであり、医師系のＰＢＬ (problem-based learning) に近い学習法とされる[107]。しかしながら、ＰＢＬが問題解決プロセスに焦点を当てる学習法であるのに対して、看護系のＩＢＬは問題発見と仮説設定に焦点を当てる学習法である[108]。というのも、看護の臨床現場では、少ない不確かな情報から問題発見・仮説設定を行い、そこから問題解決（仮説の論証と課題仮説の解決）を図ることが求められるからである。医師系と同様に問題解決プロセスも重要である。しかし看護師には、まず少ない不確かな情報から問題を発見し仮説を設定することが固有の能力として求められており、ＩＢＬはその問題発見・仮説設定に焦点を当てて、問題解決をそれに加えて学習する構造となっているのである。

赤澤らの示す実践例[109]を紹介する。授業では学生たちに、下咽頭がんの症例患者に関する情報を、Part 1からPart 3へと一つずつ提示していく。

（Part 1）Aさんは54歳の男性。今朝、Aさんは妻とともに一時間ほど鴨川辺りを散歩していた。妻は「あの優しい声をもう聞けなくなるのね、とてもつらいわ」と涙ぐんでいた。
（Part 2）看護師が訪室するとAさんは呼吸練習や床上運動を行っていた。来月から高校野球の予選大会が始まる。部の顧問として最近一ヶ月は土・日もなかった。喫煙は一日40本以上になっていた。
（Part 3）「喉のかすれはなかなかとれんし、疲れもなかなかとれんことは気になっていた」「手術したら声を失うのですね。とてもショックです」「命は助かるのですね」と医師に繰り返し語っていました。

学生たちはまず、Part 1の情報だけを与えられて、そこからどのような「事実」「仮説」「必要な情報」「調べる項目」があるかを考える（図表25）。Part 2やPart 3といった追加情報が順次与えられるが、まずはPart 1でどこまで課題を発見したり仮説を設定したりすることができるかをグループで考えるのである。グループは学生六〜七人とチューターで構成するとされる。ＩＢＬの進め方の詳細は赤澤ら（2010）を参照してほしい。

Part 1からPart 3へと情報を加えていくと、看護師として患者の状況を理解していく仮説がより実際に近いものへとなっていく。しかし、看護師の実際の職場で、はじめから多くの情報が与えられるとは限らないので、Part 1のような、少ない不確かな情報だけが与えられる場合でも、それを手がかりに仮説を設定して患者への対応を考えることが求められる。ＩＢＬは、このような情報処理における初発プロセス、すなわちインサイドアウト思考の育成に焦点を当てて学習を促す戦略的特徴をもっている。

ところで、ＩＢＬでもインサイドアウト思考だけで十分とは考えられていない。本節でＩＢＬを紹介する理由もここにある。つまり、仮説を設定して思考が拡散すれば、次は問題解決をしながら思考を収束させていくことが求められるのである（図表26）。先に、収束的思考はアウトサイドイン思考であると述べたので（第2章4⑶）、ここでの収束的思考もアウトサイドイン思考ということに

Part 1

事実 ・Aさんは54歳、男性･･･① ・今朝、Aさんは妻とともに1時間ほど鴨川辺りを散歩していた･･･② ・妻は「あの優しい声をもう聞けなくなるのね、とてもつらいわ」と涙ぐんでいた･･･③	仮説 ・既婚 ・休職中または無職 ・鴨川の付近に住んでいる ・妻との関係は良好 ・術後、話せなくなる ・術後、会えなくなる ・優しい人だろう ・妻はとてもつらそうだ ・深刻な病気ではないか
必要な情報 ・病名 ・術式 ・病気の進行度 ・本人が病気のことをどう受け止めているか ・家族構成 ・仕事の有無・内容	調べる項目 ・50代男性が罹患しやすい病気 ・術後、話せなくなる手術 ・術後の看護

Part 2

事実 ・看護師が訪室するとAさんは呼吸練習や床上運動を行っていた･･･① ・来月から高校野球の予選大会が始まる。部の顧問として最近１カ月は土・日もなかった。･･･② ・喫煙は1日40本以上になっていた。･･･③	仮説 ・咽喉に関する病気ではないか ・喫煙に関係する病気ではないか ・学校の先生だろう ・1カ月前より自覚症状があった ・疲労が蓄積していただろう ・手術に対して前向きではないか ・手術により命が助かる病気 ・手術の準備をしている
必要な情報 ・病名、術式 ・進行度 ・咽喉の違和感の程度 ・喫煙歴 ・ストレスの程度 ・休日返上の日々がいつから続いているか	調べる項目 ・手術が適用になる病気 ・術後話せなくなる病気 ・ストレスに関係する病気 ・喫煙に関係する病気 ・咽喉に関係する病気

図表25　IBLの実際（成人看護学演習）[110]

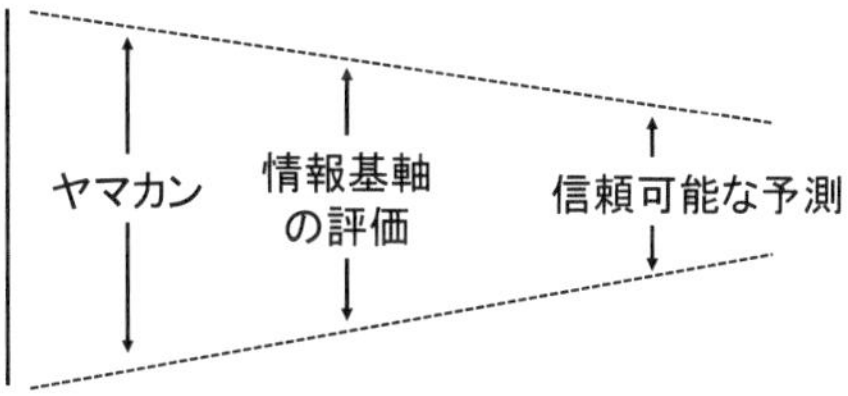

図表 26　インサイドアウト思考（拡散的思考）からアウトサイドイン思考（収束的思考）へと展開する IBL のイメージ図[111]

なる。以上を踏まえてＩＢＬは、インサイドアウト思考から始まってアウトサイドイン思考で完成させていく学習法であるとまとめられる。

注

63 詳しくは、溝上 (2014, 2018) を参照。溝上慎一 (2014). アクティブラーニングと教授学習パラダイムの転換　東信堂、溝上慎一 (2018). アクティブラーニング型授業の基本形と生徒の身体性　東信堂

64 これまで提起されてきた様々なアクティブラーニングの定義や考え方については、溝上 (2014) を参照

65 ウェブサイト「溝上慎一の教育論」の「(理論) 初等中等教育における主体的・対話的で深い学び—アクティブ・ラーニングの視点」を参照 http://smizok.net/education/index.html

66 溝上 (2014)、p.7

67 溝上 (2018)、pp.59-63 を参照

68 例えば、エンゲストローム (2010)、松下 (2015)、森 (2016) など。エンゲストローム, Y. (著) 松下佳代・三輪建二 (監訳) (2010). 変革を生む研修のデザイン—仕事を教える人への活動理論—　鳳書房、松下佳代 (2015). ディープ・アクティブラーニングへの誘い　松下佳代・京都大学高等教育研究開発推進センター (編) ディープ・アクティブラーニング

—大学授業を深化させるために—　勁草書房　pp.1-27.、森朋子（2016）. アクティブラーニングを深める反転授業　安永悟・関田一彦・水野正朗（編）アクティブラーニングの技法・授業デザイン　東信堂　pp.88-109.

69　中央教育審議会『二〇四〇年に向けた高等教育のグランドデザイン（答申）』（二〇一八年一一月二六日）

70　文部科学省『高等学校学習指導要領（平成30年告示）解説—総合的な探究の時間編』（二〇一八年七月）

71　Ibid., p.12

72　Ibid., p.12

73　中央教育審議会『幼稚園、小学校、中学校、高等学校及び特別支援学校の学習指導要領等の改善について（答申）』（二〇〇八年一月一七日）

74　ここでは、論を簡潔にするために、「活用」の説明は省略する。「活用」については、安彦（2016）を参照。前学習指導要領（二〇〇八年改訂）で、習得・活用・探究の学びの過程がどのように議論されて導入されたかも安彦で詳しく説明されている。安彦忠彦（2016）. 習得から活用・探究へ　溝上慎一（編）高等学校におけるアクティブラーニング：理論編（アクティブラーニングシリーズ第4巻）　東信堂　pp.62-93

75　教授パラダイムから学習パラダイムへの転換について、また政府施策との対応等については、以下のウェブサイトを参照。ウェブサイト「溝上慎一の教育論」の「（理論）教授パラダイムから学習パラダイムへの転換」を参照　http://smizok.net/education/index.html

76　Bain, K.（2004）. *What the best college teachers do.* Cambridge, Massachusetts: Harvard University Press.

77　Biggs, J., & Tang, C.（2011）. *Teaching for quality learning at university.* 4th ed. Berkshire: The Society for Research into Higher Education & Open University Press.

78　Ambrose, S. A., Bridges, M. W., DiPietro, M., Lovett, M. C., & Norman, M. K.（2010）. *How learning works: Seven research-based principles for smart teaching* (Foreword by Richard E. Mayer). San Francisco, CA: John Wiley & Sons.

79 Tagg, J. (2003). *The learning paradigm college*. Bolton, Massachusetts: Anker.

80 ウェブサイト「溝上慎一の教育論」の「(理論) 教授パラダイムから学習パラダイムへの転換」を参照 http://smizok.net/education/index.html

81 Ibid.

82 溝上 (2020)、図表32 (p.154) を参照

83 深い学びについてもこれまでいろいろなところで説明してきたので、ここでは以下の論が行える程度の説明にとどめる。詳しくは、ウェブサイト「溝上慎一の教育論」の「(理論) 深い学びとは」を参照　http://smizok.net/education/index.html

84 松下佳代・京都大学高等教育研究開発推進センター (編) (2015). ディープ・アクティブラーニング―大学授業を深化させるために―　勁草書房

85 Marton & Säljö (1976) を参照。なお、ここでは彼らが「学習への浅いアプローチ (surface approach to learning and studying)」「学習への深いアプローチ (deep approach to learning and studying)」と呼ぶものをそれぞれ「浅い学び」「深い学び」と置き換えて論じていることを断っておく。Marton, F., & Säljö, R. (1976). On qualitative differences in learning—II: Outcome as a function of the learner's conception of the task. *British Journal of Educational Psychology*, *46*, 115-127.

86 Ausubel, D. P. (1963). *The psychology of meaningful verbal learning: An introduction to school learning*. New York: Grune & Stratton.

87 Entwistle, N., McCune V., & Walker, P. (2001). Conceptions, styles, and approaches within higher education: Analytic abstractions and everyday experience. In R. J. Sternberg, & L. F. Zhang (Eds.), *Perspectives on thinking, learning, and cognitive*

styles. New York: Routledge. pp.103-136

88 Ibid, Table 5.2 (p.109) の一部を翻訳。

89 黒上晴夫（2017）. 思考ツールを活かすために　田村学・黒上晴夫・三田大樹（著）田村学・黒上晴夫の「深い学び」で生かす思考ツール　小学館　pp.10-15

90 泰山・小島（2014）がまとめている。なお、思考スキルの順序は筆者の観点で並べ替えている。泰山裕・小島亜華里（2014）. 思考スキルの習得と活用―ミューズ学習で六つの思考スキルを教える意義―　関西大学初等部　思考ツールを使う授業　さくら社　pp.106-112

91 詳しくは YouTube 動画（溝上慎一の教育論）を参照。Number9（桐蔭学園）「②シンキングツールを用いた桐蔭学園小学校の二年間の成果と課題（公開研究会 2022 年 2 月 19 日実施）」http://smizok.net/education/subpages/a_youtube9.html

92 子安（2011）を参照。なお、批判的思考はメタ認知が働いてなされる高次の認知活動でもあるが、そのメタ認知の機能には①モニタリングと②コントロールがあると考えられている（三宮, 2008）。モニタリングはブレーキ機能に相当し、コントロールはアクセル機能に相当する。他の近接概念を見ても、このあたりは合理的に関連し合っていることがわかる。子安増生（2011）. 批判的思考の知的側面―学士力をどう獲得するか―　楠見孝・子安増生・道田泰司（編）批判的思考力を育む―学士力と社会人基礎力の基盤形成―　有斐閣　pp.25-44、三宮真智子（2008）. メタ認知研究の背景と意義　三宮真智子（編）メタ認知―学習力を支える高次認知機能―　北大路書房　pp.1-16

93 道田（2003）、元吉（2011）を参照。道田泰司（2003）. 批判的思考概念の多様性と根底イメージ　心理学評論, *46*(4), 617-639、元吉忠寛（2011）. 批判的思考の社会的側面―批判的思考と他者の存在―　楠見孝・子安増生・道田泰司（編）批判的思考力を育む―学士力と社会人基礎力の基盤形成―　有斐閣　pp.45-65

94 例えばショーン(2007)を参照。ショーン, D. A.（著）柳沢昌一・三輪建二（監訳）(2007). 省察的実践とは何か―プロフェッショナルの行為と思考―　鳳書房

95 Ibid.

96 熊平美香（2021）. リフレクション―自分のチームの成長を加速させる内省の技術―　ディスカヴァー・トゥエンティワン

97 熊平（2021）、図1-9 (p.75)、熊平氏の講演スライド（電通育英会主催第４期リーダー育英塾講演「時代が求める自律型人材とは」2022年８月16日）を参考に作成

98 千々布敏弥（2021）. 先生たちのリフレクション―主体的・対話的で深い学びに近づく、たった一つの習慣―　教育開発研究所

99 Van Manen, M. (1977). Linking ways of knowing with ways of being practical. *Curriculum Inquiry*, *6*, 205-228.

100 藤原（1993）では、禅、能、茶道、武道など、それぞれの分野における守破離の思想が説かれている。藤原稜三（1993）. 守破離の思想　ベースボール・マガジン社

101 松下（2021）, p.i。松下佳代（2021）. 対話型論証による学びのデザイン―学校で身につけてほしいたった一つのこと―　勁草書房

102 松下ら（2022）, pp.4-5より。松下佳代・前田秀樹・田中孝平（2022）. 対話型論証ですすめる探究ワーク　勁草書房

103 松下 (2021) , 図1-1 (p.5) より作成

104 松下ら (2022) , p.17

105 松下ら (2022) , 図2.2.1 (p.17) より作成

106 赤澤千春・西薗貞子（2010）. アクティブ・ラーニング―IBLで進める成人看護学演習法―　金芳堂

107 溝上慎一（2016）．アクティブラーニングとしてのPBL・探究的な学習の理論　溝上慎一・成田秀夫（編）
アクティブラーニングとPBL・探究的な学習　東信堂　pp.5-23

108 IBLは「問題発見探究型学習」とも訳されている（赤澤ら，2010, p.15）。

109 赤澤ら（2010）の第3章「成人看護学演習の実際」を参照

110 赤澤ら（2010），pp.24-31より作成

111 YouTube（溝上慎一の教育論）の資料より作成。No11（教学マネジメント実践事例セミナー）「第4回 看護師に求められる能力と評価指標開発、教育モデルの確立を目指して―西薗貞子先生（奈良学園大学教授）」
http://smizok.net/education/subpages/a_youtube11.html

第5章 個人的な思考が社会的な思考となるために——第Ⅰ部のまとめ

学校教育では、インサイドアウト思考を学習パラダイムに基づく学習の中で促しながらも、その出力結果は必ずしも何でもいいというようにはなっていない。アウトサイドイン思考と相補的に組み合わされるように随所で考えられていて、そうして学習パラダイムへの転換が進められている。これが**第4章**で述べてきたことの要点である。

しかし、それは学校教育に限ったことではなく、仕事・社会、ひいては個人のライフでも同じではないだろうか。本章はこの問いに答える形で、第Ⅰ部「インサイドアウト思考論」のまとめの章としたい。

本書では、インサイドアウト思考の社会的な例として、**はじめに**でアート思考を、**第2章5**で「人生100年時代に向けた思考」「ニュータイプの思考」「サンリオピューロランドを復活させた25の思考」などの〇〇思考を紹介した。この中からまず、人生100年時代に向けた思考について考えてみよう。

人生100年時代に向けた生き方は、一見個人のライフ[112]であり、好き勝手に、生きたいようにインサイドアウト思考で考えればいいと思われるかもしれない。しかし、例えば親や教師の反対にあう、パートナーや家族の反対にあうといった、インサイドアウト思考の出力結果が、親や教師、パートナーなどの重要な他者や社会から認めてもらえないことは大いにあり得ることである。このことは、個人のライフの問題においてさえ、インサイドアウト思考の出力結果が何でもいいとはならない可能性を示唆している。

もちろん、彼らを説き伏せ、あるいは無視をして、誰もが反対する中で個人のライフを貫くことは可能である。しかし、その場合でも、エリクソン[113]が心理社会的アイデンティティと呼んだ問題は残る。

「自分とは何者か」という自己定義(アイデンティティ)は個人が心の中で自由に行うものである。それにもかかわらず、心の底から「これでいいのだ」と実感するためには、その自己定義を重要な他者や社会から是認されることが必要である。これがエリクソンが「心理社会的アイデンティティ(psychosocial identity)」と呼んだ問題である。人が他者から干渉されないで自由になれる個人の心や思考の世界においてさえ、その出力結果が生き生きとした手応えあるものとして実感されるために、他者や社会との相互作用を必要とするということである。言い換えれば、人は一人では生きていない社会的存在であることが、一見他者からの不可侵領域とさえ見える個人の自由な心や思考の世界においてさえ認められるのである。

個人のライフの問題においてさえそうなのであるから、「サンリオピューロランドを復活させた25の思考」のような仕事に関する思考の出力結果であればなおさらであろう。**本書の概要**で述べたSociety5.0やＳＤＧｓなどの社会の問題や課題についても同様である。たとえスタートはインサイドアウト思考で拡散的に思考したとしても、その出力結果には社会的フィードバックが多かれ少なかれ伴い、それを踏まえて修正した収束的思考（アウトサイドイン思考）が求められる。どんなに良い考えであろうと、サンリオピューロランドにお客様があまり来ないとなると、その考えは修正を迫られるに違いない。前節で紹介した看護教育におけるＩＢＬの学習ステップは、まさにこの拡散的思考（インサイドアウト思考）から始まり、収束的思考（アウトサイドイン思考）で終わることを教育実践的にわかりやすく具現化している。

本書の概要で述べたように、本書のインサイドアウト思考論は、現代社会や個人のライフを取り巻く様々な問題や課題に対して、人が思考を始動させる難しさを問題の出発点としている。その状況を乗り越えるべく、「結果を気にしないで、まずは自由にいろいろ考えてみよう」「考えを作っていこう」と謳うための概念こそがインサイドアウト思考であった。情報処理の出力結果を視界から消し去り、自由に、原初的であっていいので創造的に思考することを謳うためにインサイドアウト思考の概念は必要とされ、他方で、思考の結果から情報処理プロセスに戻ってその論理性や情報処理形式を検討し、さらには社会的フィードバックを踏まえた修正を行うために、アウトサイドイン思考は必要とされた。両思考のカップリングによって、初めは個人の自由な創造的な思考であったものが、最後には、他者や人びとが合理的であると、それでいいのだと多かれ少なかれ評価される社会的な思考へと仕上げられていく。それは学校教育だけでなく、仕事・社会・個人のライフのあらゆる世界で、実際に行われている思考の姿である。

注

112　注6を参照

113　エリクソン, E. H.（著）西平直・中島由恵（訳）（2011）. アイデンティティとライフサイクル　誠信書房

第Ⅱ部　個人化・多様化した現代社会における個性的なライフの構築

第6章　個性的なライフを構築するためのインサイドアウト思考

第Ⅱ部では、インサイドアウト思考を、ある問題や課題に対して自身の考えを作っていくために必要な思考というだけでなく、現代社会において個性的なライフ[114]を構築していくためにも必要な思考であると論じていく。具体的には、現代社会を個人化、ひいては個性化するライフの社会と捉えた視点から（**第6章**）、先行世代からの知識・技能の伝達・継承の社会的機能が低下し始めた近代論の視座から（**第7章**）、インサイドアウト思考を働かせて個性的なライフを構築していくことが求められていると論じる。最後には、個性的なライフの構築がウェルビーイング論へと繋がることを示して、本書を締めくくる。

1　個人化

片桐[115]によれば、社会学における「個人化（individualization）」は近代社会の進展の中で、異なる二つの動きとして展開している[116]。

第一の個人化は「近代的個人化」と呼ばれるものである。近代初期にデュルケムらが論じた、社会の単位が家族や近隣関係などの様々な中間集団から個人へと移行し、中間集団との「媒介的関係」を通して個人化を進めたという見方である。この過程で人びとは、所属する中間集団の伝統や慣習の束縛から解放され、自由や独立を獲得する形で自己定義を行うようになった。たとえば、エリクソンのアイデンティティ形成論[117]はこの文脈での自己定義を論じたものであり、フロムの「自由からの逃走」論[118]はこの文脈に耐えられない人びとの自由からの逃走を論じたものであった。

第二の個人化は「再帰的個人化」と呼ばれるものである。グローバル化が進む中で、初期の近代化を特徴付けた国民国家の境界の意味が薄れていく。そうして、国民国家の枠内で機能していた中間集団を特徴付けていた、たとえば階級や身分、ジェンダーや役割、家族、近隣関係などの社会カテゴリーの自明性が失われていく、あるいは断片化していく。この過程で、自己を特徴付ける中間集団との「媒介的関係」が希薄化していく。また、政治的・経済的なネオリベラリズムが進む中で、自由や独立と裏表の関係にある自己選択・自己責任の社会的原理が徹底的に進められる。人は、断片化した不安定な社会カテゴリーとの媒介的関係の中で、また強制される自己選択・自己責任の社会的原理の上で、自己を再帰的に特徴付け定義せざるを得なくなっている。個人のリスクや不安は増大しているというわけである。これが、ハイモダニティ（ギデンズ）、第二の近代（ベック）、リキッドな近代（バウマン）に代表される再帰的個人化の概説である。

2　個人化を前提とした個性的なライフ

本書で「個性的なライフ」と呼ぶものは、前節で「個人化」と呼ぶ社会学の流れを前提としている。個人化が進む中で、人びとは多様で変化し続ける社会（中間集団や社会カテゴリー）との媒介的関係を基に自己定義を行い、再帰的に自己定義を更新し続けざるを得なくなっている。社会（中間集団や社会カテゴリー）が相当に断片化・相対化されているので、それとの媒介的関係を基に定義を行う自己やライフは、良くも悪くも相当多様化することになる。

個人化は社会学で用いられる用語であるのに対して、「個性化（individuation）」は、心理学や教育学で用いられることの多い用語である。個人化は、社会に対する個人の「個」の程度が進んでいくことを表す概念であるが、個性化は個人の中で社会的な特徴と個人独自の特徴とを分けた時の後者、個人独自の特徴を指す概念である。本書では、個人が他の人びとと比較して、決して同じではない、独自の自己やライフを構築していくという側面を焦点化する。中でも「個性的なライフ」に焦点を当て、個々人の「個性的なライフ」が教育や現代社会の中で良くも悪くも求められるようになっているると論じる。

心理学における「個性」の説明をしておこう。個性は、①パーソナリティとしての個性[119]と②社会性としての個性の少なくとも二つが区別されているが、本書で用いているのは②の方である。

発達心理学では、②の社会性は、他者と共存し社会に適応していく「社会化（socialization）」と、個人の独自性が形成される「個性化（individuation）」の二側面からなると説かれる[120]。人が社会の中で生きていく以上、社会に自身（自己）を合わせて、社会から期待される、求められる規範や価値、行動を身につけなければならない。これが社会化（＝社会的適応）と呼ばれる側面である。他方で、人が他者に関わり、他者と比較して、そうして個人独自の自己の特徴を形成する。これが個性化の側面である[121]。

学校教育では、人の「個性」（化）は政府の施策用語として30年にわたって用いられ、児童・生徒の教育においてその育成を求めてきた歴史がある。そこでの個性も、ここで説くところの社会性の一側面としての個性の意として用いられてきたものである[122]。文部科学省教育課程審議会の答申では、この部分が次のように述べられている。

「二十一世紀に向かって、国際社会に生きる日本人を育成するという観点に立ち、国民として必要とされる基礎的・基本的な内容を重視し、個性を生かす教育の充実を図るとともに、自ら学ぶ意欲をもち社会の変化に主体的に対応できる、豊かな心をもちたくましく生きる人間の育成を図ることが特に重要である[123]」（傍線部は筆者による）

学校教育では、とくに義務教育段階において、すべての児童・生徒が基礎的・基本的な知識・技能を習得することが期待される。それは言わば「社会化」に相当し、他方でそこからはみ出る個人独自の成果は「個性化」に相当すると考えられる。そして、第4章4に照らせば、「社会化」は教授パラダイム・アウトサイドイン思考に相当し、「個性化」は学習パラダイム・インサイドアウト思考に相当するとも考えられる。アクティブラーニングや主体的・対話的で深い学び、探究的な学習などの学習活動を通して、様々な形で児童・生徒の「個性化」が促されている。なお、最近の中央教育審議会答申『令和の日本型学校教育[124]』では、「個別最適な学び」の重要性が謳われ、「個性化」の育成がいっそう促されている。個別最適な学びのポイントとして挙げられる「指導の個別化」「学習の個性化」における「個別化」「個性化」も、社会性の一側面としての個性化の意と捉えてよいものである。

本書では、個人化、個性的なライフについて第2章5でもすでに、グラットンらの『ライフシフト―100年時代の人生戦略』を通してその内実を紹介している。しかし、そこで説かれる個性的なライフは、単なる社会化に比しての個性化以上のものである。

人生100年時代の長寿社会がやってきている。これまでの人生ステージにあった教育・仕事・引退モデルが崩壊し、人生がマルチステージ化していく。そのマルチステージの人生の一つ一つをどのようなものとし、全体を構成し、各ステージをどのように移行していくかは個々人によって多様となる。それに伴って必要なお金や時間の使い方、仕事と家庭との関係など、様々なものが変わってくる。これがグラットンらのライフシフト論の要旨である。

ここで説かれるのは、まさに個人化の進展の上で求められる個性的なライフの構築である。しかしながら、ライフの一つ一つのピース（教育・仕事・引退モデル、それ以外の個性的に作り出すライフ）を自ら考えて定義し、それを組み合わてマルチステージ的にライフを構築することは、単にライフが個性化していると説くよりもはるかに難度の高い作業である。グラットンらのライフシフト論が個人化、ひいては個性的なライフを説くものであり、同時に、かなり難度の高いライフ構築の作業を我々に求めていることを確認しておきたい。

3　ワークキャリアからライフキャリアへ

個性的なライフは、今日の学校教育、仕事・社会で「キャリア（career）」と呼んで議論されている。career の語源はラテン語の *carrus*（四輪の荷馬車）に遡り、それが派生したフランス語の *carrière*（競馬場や競技場におけるコースやそのトラック）が今日の career に近い意味を持つと考えられている。このような意味での career（キャリア）を、子供、学生、市民、職業人、配偶者、親などの人生の様々な役割やポジションからなるライフコースを意味すると考えたのはスーパー[125]である。今日の学校教育では、このようなスーパーの考えを踏まえて「キャリア形成」「キャリア発達」「キャリア教育」などの用語が用いられており、「ワークキャリア（work career）」（働き方）と「ライフキャリア（life career）」（生き方）を分けて取り組みが進められている[126]。

日本の学校教育で、このようなライフコースとしてのキャリア観が制度的に入ってきたのは、一九五八年の学習指導要領改訂においてである。そこでは、中学から高校への就職指導を、就職斡旋や適材適所的な配置指導であると問題視し、他方で高校進学者に対しても、ビジョンや動機をもたないでなんとなく高校へ進学することを問題視したのであった。進路指導は、英語の〝career guidance（キャリア指導・ガイダンス）〟の訳語であり、生徒に新しい社会への主体的な適応や生き方、人生形成を促すべく、「進路（career）」という用語を当てたのであった。

もっとも、用語を変えるだけで内実がそう簡単に変わるものではなく、一九八〇年代政府は様々な施策文書の中で「生き方の指導」なるものを連呼した[127]。キャリアが言葉通りの個人のライフコースを意味して扱われるようになるには、バブル経済の崩壊を経て、高卒者、大卒者の就職率が悪化する一九九〇～二〇〇〇年代を待たねばならなかった。二〇〇〇年前後には、多くの大学の「就職部」「就職センター」等が「キャリアセンター」「キャリア支援センター」などと名称変更をするようになり[128]、さらには中学や高校、大学でキャリア教育がカリキュラムの中に組み入れられるようになった129。

　ちなみに、今日学校から仕事・社会への移行（以下、「トランジション（transition）」と呼ぶ）の課題130も、この流れに密接に関連している。学校と仕事・社会を接続させ、それを移行させるトランジションは、身分社会や伝統社会といった前近代から脱却して近代社会を構造的に機能させようとした近代の産物の一つである。トランジションという用語や見方は存在しなくても、その構造的実態は、日本で言えば、明治期・大正期から昭和期にかけて構築され存在したものである。しかし、それが二〇〇〇年前後になって社会的に「トランジション」と叫ばれるようになったのは、学校から仕事・社会への移行が構造的に機能しなくなってきたからである。その代表的指標がキャリアと同様に、高卒者、大卒者の就職率の悪化であった。この後の議論は、**第7章**で改めて詳述する。

　社会人の仕事の世界でも、バブル経済の崩壊後の一九九〇年代以降、離転職が一般化し、また日本的雇用システムと見なされてきた終身雇用や年功序列が崩れ始め、そうして社会人におけるキャリアの問題が現実味を帯びるようになった。就職率の悪化や離転職の多さは、先の学校教育における「トランジション」の課題にもなり、学校教育でのキャリア教育・支援を加速させていくことにもなった。

　興味深いことに、社会人におけるキャリアの問題はワークキャリアにとどまらず、ライフキャリアにまで拡張して検討されるようになっている。大学を含めた学校教育では、ワークキャリアに終始して、ライフキャリアにまで拡がらない現状があるが、それとは対照的である[131]。ライフキャリアとは、教育（学校）、仕事、結婚、家庭、市民、地域、引退後の生活などのライフイベントをどのように過ごしていくかといった、端的に言えば「生き方」のようなものである。グラットンらのライフシフトの「ライフ」も、また学校から仕事・社会へのトランジションという時の「社会」も、ライフキャリアとほぼ同様の意味で用いられている。

グローバル化、政治的・経済的なネオリベラリズムが進む中、人びとの価値観がますます多様化する現代社会である。ジェンダー、障害者、マイノリティなどの差別撤廃が制度的に進んだこと、個人の権利が徹底的に保障されるようになったことなどを受けて、ライフを構築する上で個人の自己選択が、社会学的に言えば強制的に[132]確立されてきていることも、個人化するライフを促進させる社会的要因となっている。スーパーがワーク（仕事）をライフにおける社会的役割の一つとして捉えたように[133]、今日ワークキャリアはライフキャリアの一つとして検討されるようになっている。今日の働き方改革やワーク・ライフ・バランス、コロナ渦の中で進んだテレワークはその代表的なものである。近年盛んに唱えられるようになったウェルビーイング論は、必ずと言っていいほど「物質的・経済的豊かさの時代ではなく」と前置きして論じられるが、その「物質的・経済的豊かさ」がワークキャリアによって実現するものであり、「ウェルビーイング」がライフキャリアによって実現するものであると、アナロジーで対応を考えてみれば、現代社会でなぜかくもウェルビーイングを連呼するのかの構造も見えてくる。

以上をまとめよう。個人が教育、仕事、結婚、家庭、市民、地域、引退後の生活などのライフイベントをどのような姿にし、その一つ一つのピースを組み合わせて、どのような全体のライフを構築するかがライフキャリアの課題である。それが個性的なライフ構築の課題ということである。

これだけ個人の価値観や権利が認められ、自己選択できるようになった現代社会において、もはや先行世代や地域・社会から「こう生きるべし」といったライフコースが強要されることはなくなっている。仮にあったとしても、それは社会的なものというよりは、個人的な関係の中で一つの価値観を受けたものにすぎない。それを受け入れるかどうかも個人の自己選択に委ねられている。「こう生きるべし」といったライフコースは、与えてほしくても与えてはくれないのが現代社会なのである。

我々はすでに、創造的にインサイドアウト思考を働かせて、自身の個性的なライフを構築していかなければならない社会で生きているのである。

注

114 注6の説明を参照

115 片桐雅隆（2017）. 不安定な自己の社会学―個人化のゆくえ―　ミネルヴァ書房

116 同様の説明は乾（2010）にも詳しい。乾彰夫（2010）.〈学校から仕事へ〉の変容と若者たち―個人化・アイデンティティ・コミュニティ―　青木書店

117 Erikson (1950; 1959) を参照。Erikson, E. H. (1950). *Childhood and society*. New York: W. W. Norton., Erikson, E. H. (1959). *Identity and the life cycle*. New York: W. W. Norton.

118 フロム, E.（著）日高六郎（訳）（1965）. 自由からの逃走　東京創元社

119 パーソナリティとしての個性は、認知・行動・感情における他の人と異なるその人固有の特徴と定義される。パーソナリティの個人差や独自性の一貫した個人的特徴を表すものであり、社会的に見て良いも悪いもないとされる。詳しくは溝上（2020）の第4章3を参照。

120 Damon, W. (1983). *Social and personality development*. New York: W. W. Norton.

121 個性についての詳しい説明は、溝上（2020）の第4章3を参照

122 Ibid.

123 教育課程審議会『幼稚園、小学校、中学校及び高等学校の教育課程の基準の改善について（答申）』（一九八七年一二月二四日）、p.1

124 中央教育審議会『「令和の日本型学校教育」の構築を目指して～全ての子供たちの可能性を引き出す、個別最適な学びと、協働的な学びの実現～（答申）』（二〇二一年一月二六日）

125 Super, D. E. (1980). A life-span, life-space approach to career development. *Journal of Vocational Behavior, 16*, 282-298.

126　川﨑友嗣（2005）. 変わる私立大学・「就職支援」から「キャリア形成支援」へ　ＩＤＥ（現代の高等教育）, 467, 45-49.

127　吉田辰雄（2005）. キャリア教育論―進路指導からキャリア教育へ―　文憲堂

128　川﨑（2005）、夏目（2006）を参照。夏目達也（2006）. 大学における学生の就職支援―就職指導からキャリア形成支援へ―　都市問題研究, 58 (5), 26-38.

129　ここでの職業指導から進路指導へ、進路指導からキャリア教育への説明は、溝上（2010）を参照。溝上慎一（2010）. 現代青年期の心理学―適応から自己形成の時代へ―　有斐閣選書

130　「学校から仕事・社会へのトランジション（transition from school to work / social life）」（以下、「トランジション」とも呼ぶ）は、二つのトランジションをまとめたものである。一つは、「学校から仕事へのトランジション（school-to-work transition）」と呼ばれるもので、生徒学生の学卒後の職業生活への移行を問題とするものである。もう一つは、「（青年期から）成人期へのトランジション（transition to adulthood）」と呼ばれるもので、社会的・発達的に（青年期から）大人への移行を問題とするものである。ウェブサイト「溝上慎一の教育論」の「（理論）学校から仕事・社会へのトランジションとは」を参照　http://smizok.net/education/index.html

131　もっとも、一九九九年の中央教育審議会答申『初等中等教育と高等教育との接続について』は、キャリア教育について言及しており、キャリア教育を「望ましい職業観・勤労観及び職業に関する知識や技能を身に付けさせるとともに、自己の個性を理解し、主体的に進路を選択する能力・態度を育てる教育」であると定義している。そこでは、それまでの進路指導や就職指導を、ワークキャリアやライフキャリアといった人生長期の視点で行うことが期待されている（川﨑, 2005）。

132　片桐（2017）を参照

133　Super (1980) を参照

第7章　知識・技能が社会構造的に継承されなくなった現代で求められるインサイドアウト思考

我々は今日、インサイドアウト思考を働かせて個性的なライフを自らが構築しなければならない現代社会にいると論じた。インサイドアウト思考は、問題解決や課題に取り組むために必要な思考であるのみならず、自身のライフ構築のためにも必要な思考だと論じたのである。

本章では、そのライフを構築していくために必要な知識・技能が、現代では必ずしも社会構造的に世代継承されなくなってきた現状を踏まえて、ライフの基盤となる知識世界を「自分のものの見方」で構築・再構築していく必要がある。そのためにはやはりインサイドアウト思考が必要であると論じていく。

1　人はこれまでライフ構築に必要な知識・技能をどのように習得してきたか

前近代、日本で言えば明治以前の時代において、一般的に人びとは、ライフを構築する上で必要な伝統的な知識・技能を、親や家族、所属する社会集団などの身近な先行世代から継承されて習得してきた。大人になることは、生まれた社会集団・階層に帰属して、身近な先行世代の価値観や生き方を疑わず、彼らのような大人になることを意味していた。近代のように、「私はどのような大人(社会人)になりたいのか」「どのような仕事をしたいのか」といった「私とは何者か」の自己定義を模索して達成することではなかった[134]。

社会が近代化される中、エリクソンが青年期の発達課題として「アイデンティティ形成(identity formation)」を提唱したのは一九五〇年代であった[135]。アイデンティティ形成とは、簡単に言えば、「私とは何者か」の自己定義を模索・達成する自己形成の作業である[136]。前近代のように、若者が身近な先行世代のコミュニティ・社会に帰属する形で大人になるならば、自己定義の模索はまったく必要ない。自己定義の模索は、個人化の進展に照らして言えば、家族や近隣関係などの中間集団との媒介的な関係を構築する必要性から生まれたものである。そうして、身近な先行世代からの脱却、生まれたコミュニティや社会の伝統的文化から脱文脈化して大人になっていくのであった。

近代社会では、「工業化社会」と呼ばれるように、技術革新による社会の工業化と、それに伴う社会の様々な制度やシステムの構築・構造化が速いスピードで進められた。人びとのライフの構築も大きく様変わりし、あっという間に身近な先行世代から継承される伝統的な知識・技能でライフを構築していける時代ではなくなってしまった。若者は、ライフの構築に必要な知識・技能を身近な先行世代の大人から授けられるのではなく、学校教育を通して、全国標準的な教科書を用いて、教師から習得するようになった。それは、岩田[137]の『ムラの若者・くにの若者―民俗と国民統合―』という著書のタイトルが示す通り、前近代の伝統的な「ムラ」の子ども・若者から近代の「くに」の子ども・若者への移行を意味していた。近代の学校教育が形を整える、日本で言えば明治期から大正期にかけて、この構造は急速に確立していった。

学校教育は、近代になって国民国家の社会的機能としての、国民への知識・技能の伝達的教育機関として構築･整備された。すべての子どもは義務教育を受け、そこでライフの構築に必要な基礎的・基本的な知識・技能を習得した。その「基礎・基本」とは、生まれ育ったコミュニティや社会の伝統的文化から脱文脈化した、汎用的な知識・技能を指していた。子ども・若者は、その基礎的・基本的で汎用的な知識・技能を土台として個人のライフを構築することが求められるようになったのである。中には、より高度な、あるいは専門的な知識・技能を習得してライフを構築するべく、高校や大学などのより上級の教育機関へと進学する人もいた。

近代に登場した、「私とは何者か」の自己定義を模索するアイデンティティ形成は、このような近代の学校教育と密接に関係しながら営まれる個人のライフ構築の作業であった。このような学校教育、アイデンティティ形成、ライフの構築といった関係性は、近代の初期はゆるやかに、やがてはかなり密接な関係へと発展した。日本で、これらの関係性が多くの若者の間で一般的に成り立っていくのは一九六〇年代から七〇年代のことであった。一九五〇年代には、高校で50％台、大学・短大で約10％であった進学率が、一九七〇年代半ばには、高校で90％を越え、大学・短大で30〜40％にまで急増したのであった[138]。多くの若者にとって、自身のアイデンティティ形成、ひいては個人のライフを構築するために、学校教育をどのように受けるかが、人生の大きな関心事となっていく時代であった。

2　近代初期の社会的機能を再帰的に再構築する現代の学校教育

予測困難で変化の激しい問題解決型の社会、グローバル化した高度な情報化社会が到来する中で、近代初期に構築された学校教育の社会的機能が急速に再構築されている。**第4章**で紹介した近年の矢継ぎ早の学校教育改革は、この流れに乗ったものである。まさに、社会学で再帰的近代化と呼ばれる動きが学校教育の領域でも起こっている。しかし、再帰的近代化では十分に説明されない新たな課題も構造的に続出している。ここでは、その徴候として認められる動きや問題を論じ、最後に学校教育においても、生徒・学生の自己選択が良くも悪くも求められつつあることを論じる。具体的にそれは、個人の主体性（エージェンシー）とライフの構築の必要性が高まっていることとして論じられるものである。

(1)知識・技能から資質・能力へ

国によって社会的・文化的背景や事情、展開のプロセスが異なることは前提であるが、一九七〇年代から八〇年代以降、世界的に様々な形でトランジションが課題となっている。

第6章3で述べたように、トランジションは、身分社会や伝統社会といった前近代から脱却し、国が国民国家として学校（教育）を組織化して仕事（労働市場）・社会へと接続することで、国民を大人に育てることを社会的に構造化した近代の産物である。日本で言えば、その構造的実態は明治期・大正期から昭和期にかけてすでに存在したものであるが、その時代に「トランジション（移行）」という概念は存在しなかった。その概念が一般的に人口に膾炙するのは、学校と仕事との接続が機能しなくなり始め、接続をし直すことが社会的な課題となった二〇〇〇年前後のことである[139]。その指標は、バブル経済の崩壊後の高卒者・大卒者の就職率の悪化であった。

トランジションが社会的課題になることと連動して、急速に取り組みが拡がったのが、キャリア教育とコンピテンシーを始めとする資質・能力の育成である。キャリア教育については第6章3で説明したので、ここでは後者の資質・能力の育成について説明する。

今日呼ぶところの「資質・能力」が我が国で社会的な課題として認識され始めたのは、二〇〇〇年前後、あるいはそれ以降のことである。コンピテンスやコンピテンシー、汎用的技能（ジェネリックスキル）を始め、日本経営者団体連盟（日経連）の「エンプロイヤビリティ」（一九九九年）、OECD-PISAの「リテラシー」（二〇〇一年）、経済産業省の「社会人基礎力」（二〇〇六年）等、資質・能力に関する用語が様々な立場・機関で提起された。とくにエンプロイヤビリティ（雇用されうる能力）の提言は、日本的雇用システムである終身雇用や年功序列が崩れ始め、それまでの安定したフルタイムの雇用（正規雇用）が成り立たなくなってきたこと、代わって、離転職やパートや契約・派遣社員などの非正規雇用が大きく普及し、労働市場が不安定で流動的なものへと転換する状況を示唆していた[140]。

そのような流れを受けて、大学教育では二〇〇八年に「学士力」と呼ばれる、学生が四年間で身につけるべき能力が策定され、その一要素に汎用的技能が組み込まれた[141]。それまで資質・能力が、大学教育の目標とされてこなかったわけではない。しかしながら、学士力の提起は、知識を授ける教育に偏重しがちであったそれまでの大学教育を脱却し、もっと広い意味での汎用的な資質・能力を教育目標の一つとする大学教育の再構築を謳うものであった。二〇一一年には、キャリア教育を正課教育の一部と見なす、いわゆる「キャリア教育の法制化（あるいは義務化）[142]」と呼ばれる施策も進められ、二〇一二年には『質的転換答申[143]』の下、汎用的な資質・能力を育てるための「アクティブ・ラーニング」の推進も提起された。

二〇一六年には、初等中等教育の学習指導要領改訂に向けた答申[144]が出された。とくに大学と類似した状態であった高校教育において、それまでの知識の教授に偏重した教育から、主体的・対話的で深い学び（アクティブ・ラーニングの視点）を組み込み、資質・能力を前面に出した学校教育の実現を目指すこととなった。大学教育では、学士力の一要素として汎用的な資質・能力（汎用的技能）を組み込んだだけであったが、初等中等教育では、知識・技能[145]を資質・能力の三つの柱のうちの一つと捉えて要素化し、学校教育の目的は資質・能力の育成であると、資質・能力を前面に出した方向転換を謳った。それは、大学教育以上に大きな転換を謳うものであったと言える。

知識・技能の教授を中心とした学校教育（教授パラダイム）から、資質・能力を育てる学校教育（学習パラダイム、**第4章4**を参照）への転換は、学校教育の社会的機能の見直しと見なせるものである[146]。つまり、近代初期の学校教育は、子ども・若者を仕事・社会へ接続・移行（トランジション）させることを見据えて社会構造的に構築されたものであり、現代社会で資質・能力の育成が求められるなら、それに合わせて接続の機能をチューニングするべく学校教育の改善・改革を図られなければならない。それは、社会学の再帰的近代論を受けて、再帰的に学校教育の社会的機能を再構築するものと説明される。

それにしても、そもそも近代初期の学校教育が前近代からどのような社会的機能を引き継いだのかと改めて考えてみると、それは先行世代からの知識・技能の伝達・継承であったことがわかる。前近代の知識・技能は、身近な大人が長い歴史の中で創り上げ発展させてきた、伝統的で、日常の仕事や生活に多かれ少なかれ直結した社会文化的な文脈を伴うものであった。それが、技術革新や工業化、学問の発展の中で学校教育に引き取られ、教師から脱文脈的に、一般的に教えられるようになった。両者は質的に大きく異なるものであったが、「身近な大人」であろうと「学校教師」であろうと、ひとまとめに「先行世代」から後続世代へと知識・技能を伝達・継承する構造は同じであった。

しかしながら、資質・能力の育成の高まりは、学校教育を通して、先行世代からの知識・技能の伝達・継承を行うという近代初期の社会構造を抜本的に再構築するものである。初等中等教育のように、知識・技能を資質・能力の三つの柱の一つに要素化し、学校教育の目的は資質・能力の育成であると謳うことは、その最たる象徴である。

(2)探究的な学習が脇役から主役に近いところへ

近代初期の学校教育の社会的機能が再帰的に再構築を進めていると考えられるもう一つの動きは、学習パラダイムの究極的な学習としての「探究的な学習」が、学校教育の脇役から主役に近いところへ位置づけられ、本格化していることである。この動きは、大学への接続、出口が仕事・社会に近い高校の探究的な学習で顕著に認められる。

二〇二二年施行の高校・新学習指導要領で新たに求められた「総合的な探究の時間」、いわゆる探究的な学習は、まさに予測困難で変化の激しい問題解決型の現代社会へのトランジションを見据えてカリキュラム化されたものである。「探究リテラシー」とでも呼ぶべき、仕事・社会で必要な資質・能力を身に付ける学習でもある。学習指導要領では、ここで呼ぶところの探究リテラシーを、「課題の設定」「情報の収集」「整理・分析」「まとめ・表現」と、四つの探究のプロセスを要素化して説いている[147]。高校では「総合的な探究の時間」と科目名を変え、小中学校での「総合的な学習の時間」とは一線を画し、一段ギアを上げた位置づけともしている。

ところが、この探究的な学習を受け持つ専門教員は配置されず、数学や国語、社会などの教科教員が、言わば兼務で授業を担当している。その結果、「総合的な探究の時間」の教授・指導内容や生徒の学習への関わり方等で、彼らが苦慮している現状が認められる。

もちろん、探究的な学習において、課題や調査・実験等の質はあまり考えなくていい、生徒に好きなように取り組ませればよいということであれば、事はそう難しくない。しかし、**第4章4**の図表17を通して述べたように、探究的な学習は学習パラダイムに大きくウェイトをかけた学習でありながら、同時に教授パラダイムを求めるものでもある。生徒には、探究リテラシーとしての四つの探究のプロセスの要素（課題の設定〜まとめ・表現）をどのように身に付ければよいかを、ある程度は教授しなければならない。その「教授」の部分で専門外の教科教員はつまづき、力量不足を露呈している。

近代の視座から見れば、学校教育を通して、先行世代からの知識・技能を伝達・継承することは、近代初期に作り上げた社会的構造の一つであった。とくに高校の教員は、知識・技能を伝達・継承する教授パラダイムを担う教科の専門家として養成され、配置された人たちだったのであり、彼らは学習パラダイムを担う専門家として養成され、配置されたのではなかった。前項⑴で述べたように、現代の学校はトランジションを見据えた教育改革、再帰的な教育制度やシステムの再構築を行っているものの、近代初期のように、教員が児童・生徒に伝達や継承を行う先行世代として関わることは難しくなっているのである。

⑶学校教員の専門的力量を超えた高度な学習が求められている

⑵では、先行世代からの知識・技能の伝達・継承を専門的に担う役割で養成し配置された、とくに高校の教科教員が、探究的な学習を兼務で担当しなければならない現状を見た。それは、再帰的近代化における学校教育の新しい問題を垣間見るものであった。しかし、この問題はまだ続く。というのも、大学への接続、出口が仕事・社会に近い高校において、国家的な発展を見据えた理系人材養成として、サイエンス教育、SSH（スーパーサイエンスハイスクール）、そしてSTEAM教育、最近ではそれにデータ・サイエンス教育を加えて、理数教育、探究的な学習の質をより高度に行う

ことが求められるようになっているからである。

近代初期の視座で見ると、ここには二つの問題がある。

一つは、多くの場合、それらが高校教育の学習指導要領の範囲を軽く超えながらも、正規のカリキュラムに組み込まれて実践されていることである。学習指導要領の範囲を超えていることから、社会的にはそれらは各高校の自主的な取り組みであると見なされる。伝統的な高校が社会的威信をかけて取り組まれるものが目立つが、SSHに代表される政府や財団などの補助金事業に応募して新たに取り組んでみようとする高校も少なくない。補助金事業に応募することは、言い換えれば、高校は自ら手を挙げて事業に取り組む姿勢を示すわけであるから、形式的には完全に自主的な取り組みであると見なされる。しかし内実は、政府は、手を挙げられる高校にはできるだけ手を挙げて取り組んでほしいという思惑がある。政府の補助金事業とはそういうものである。その他の財団等の補助金事業は、政府のその姿勢を後追いしているに過ぎない。

二つ目の問題は、そのような高校の多くは、高度な学習の取り組みを、外部の大学人や専門家等の協力や指導を受けて進めていることである。もはや高校教員のもつ専門的力量だけで進められるような学習内容ではなく、外部の協力や指導を受けてはじめて成り立つものが多い。それもそのはずである。それらの学習内容は、大学、社会の最先端課題であり、たとえ高校生版の課題として設定されるにせよ、学習指導要領で指定される教科の範囲を軽く超えているからである。高度な理数教育を行う、現代社会が抱える課題や問題を探究するというのはそういうことである。

このように考えていけば、この動きは何も高校だけでなく、普通の小学校から中学校、高校まで全学校種に渡って、地域学習や地域行事への参加、SDGs、キャリア教育、研修旅行、高大接続セミナーなどの取り組みの中で一般的に起こっていることが見えてくる。そして、それらが学校教員の力だけで取り組めていないことも同じように起こっている。大学人や企業、行政、地域、NPOなどの様々な外部の人びとの協力・指導を受けて、それらの学習は営まれているのである。

仕事・社会へのトランジションを見据えて、サイエンス教育や地域学習、SDGs、キャリア教育などを行うことが必要であり、それが新たに学校教育に求められるという構造自体は、まさに近代初期に社会が作り上げてきたものである。しかし、今日の学校教育は、もはや自身の専門的力量だけで子ども・若者を十分に仕事・社会へトランジションさせることができなくなっているのである。

⑷新しい育成課題が学校教育で扱える範囲を軽く超えている

近代初期の学校教育の社会的機能が再帰的に再構築される中、新たに生じているさらなる問題は、前節と重複する部分もあるが、もはや学校教育のカリキュラムだけで子ども・若者を仕事・社会へトランジションさせることができなくなっていることである。

社会の変化に呼応して、学校教育に求められる新たな知識・技能の教授・育成が膨大な量にのぼっている。この動きは、世の中で「〇〇教育」と総称されるものから見えてくる。一般的なものを挙げるだけでも、国際教育、異文化教育、プログラミング教育、人権教育、主権者教育、ＳＤＧｓ、ＥＳＤとかなりの数にのぼる。インクルーシブ教育（障害者、ジェンダーなど）、環境教育、平和教育、いのちの教育、食育、アントレプレナーシップ（起業家）教育など、細かく挙げればきりがないほどである。学校教育のカリキュラムは、それでなくてもすでに飽和状態に達しており、現代社会の新たな知識・技能を組み込んでカリキュラム化する余裕はほとんどないのが実情である。

このような中でも、ＩＣＴ教育のように、二〇一九年からのＧＩＧＡスクール構想[148]として国を挙げて取り組むものもある。承知のように、ＧＩＧＡスクール構想は、小中学校のＩＣＴ環境（一人一台端末と高速大容量の通信ネットワーク）を一斉整備して、ＩＣＴ利活用を全国的に促す取り組みである。高度に、そして急速に情報化社会が進展する中、すべての子どもが現代社会を力強く生きていくために必須の基盤的リテラシーと見なされた結果の動きである。

(5)「最先端」の知識・技能がオンライン上ですさまじい量で発信される現代社会

さらに述べるべき新たな問題は、「最先端」の知識・技能が学校外のオンライン上で、すさまじい量で発信されていることである。

近代初期の視座では、「高度」「専門的」な知識・技能を習得したい人は、高校、大学等のより上級の学校へ進学して学習するというのがセオリーであった。知識・技能が段階的・系統的に構造化され、上位の「高度」「専門的」な知識・技能へと上っていくように学習することが、「より上級の学校へ進学して学習する」ことの意味であった。それが、より高等な仕事・社会へのトランジションを実現することをも意味していた。一九九〇年代以降の知識基盤社会、情報化社会が到来するまで、理論的・概念的な知識世界における「最先端」の地位は、多かれ少なかれ学校教育（大学・大学院、そしてそこからブレイクダウンされる高校以下のカリキュラム）がもっていた。「高度」「専門的」「最先端」としての知識・技能の伝達・継承は、学校教育の階層的構造の中で実現しており、それは近代初期の社会構造化の特徴でもあった。

今日、このセオリーがまったく成り立たなくなってしまっているわけではない。しかしながら、部分的な破綻を来しており、それが本節の近代初期の学校教育の社会的機能の再帰的な再構築をすすめる中で生じている新たな問題だという議論になる。つまり、これだけ情報発信されるオンライン上のウェブサイト、そしてYouTubeやfacebook、Twitter、インスタグラムなどのソーシャルメディアが発達した高度な情報化社会が到来している。学校教育で教えられる知識・技能をはるかに超えるレヴェルで、国内外の大学・研究所等の研究機関、企業、行政、ＮＰＯ等の組織、そして個人から新たな知識・技能が次々に創出され、すさまじい量で情報発信されている。最先端の研究成果や報告書はＰＤＦ等の、世界の人びとがいつでもどこからでもアクセスして読める標準プラットフォームで、オンライン上で提供されている。Word や PowerPoint などのソフトやアプリの使い方、料理の仕方、株や投資の考え方等を解説する YouTube 動画がごまんと配信されている。ソフト・アプリの使い方から日々の暮らしや趣味に関すること、国内外のデータや情勢、各種市場の動向、環境やエネルギー、宇宙開発まで、人びとの仕事・社会に関わるほぼすべての領域の、玉石混淆であっても「最先端」の知識・技能が日々創出され、オンライン上、ソーシャルメディア上ですさまじい量で情報発信されているのである。

もはや、大学等の高等教育機関で創出される知識・技能が「最先端」であるとは言えない現状である。「最先端」の部分はもちろんあるが、日常の生活の工夫や学術以外の仕事・社会の活動まで幅広く領域を拡げて見ると、高等教育機関（学校）以外の研究所や企業・行政等の組織・機関、個人から「最先端」の知識・技能はあまた創出されていることを認めざるを得ない。学校教育は今でも、より上級の学校へ上がるにつれて、「高度」「専門的」な知識・技能を提供し続けているが、「最先端」の座は社会に並ばれている状況である。領域によっては、その座を奪われている状況である。この状況こそが、学校教育の正課のカリキュラムや教員の力量だけでトランジションが完結しない状況を生み出し、ひいては学校教育の再帰的な近代化の作業の中で生じる新たな問題を提起することとなるのである。

3　現代の知識・技能の獲得戦略

(1)世代継承を基盤として、自身の知識体系を構築する習得・活用・探究の視座

今日の学校教育改革が再帰的近代化の枠内で作業を進めることができているのかは横に置き、予測困難で変化の激しい問題解決型の社会、グローバル化した高度な情報化社会が到来している現代であること、もはや学校教育の正課カリキュラムで教えられる知識・技能を「習得」するだけで、仕事・社会へのトランジションを十分に果たせなくなっていることは紛れもない事実である。

しかし、近代の再帰的な再構造化の作業の中で、学校教育が見出した習得・活用・探究の視座は、人の一生涯に渡る知識・技能の現代的な獲得戦略として有用である。それはまず、基礎的・基本的な知識・技能を学習して、自身の知識体系の基盤を構築することである(＝習得)。その上で、それ以外の知識・技能を「自分のものの見方」で学習を行って、自身の知識体系を発展させることである(＝活用・探究)。「活用」「探究」は、カリキュラムで一様な知識・技能として伝達・継承できる類いの学習ではない。問題解決や課題への取り組みを通して新たな知識・技能を自身の知識体系に関連付け、組み込んでいく学習である。そうして、「習得」を通して作り上げた基盤となる知識体系を自身のものとして仕上げ、発展させていく学習である。

もはや身近な大人や学校教師から社会構造的に与えられる知識・技能を習得するだけで一生涯生

きていける時代ではない。与えられる知識・技能を基盤としながらも、自身の知識体系を自らが仕上げ発展させていかなければならない時代である。それを戦略的に示すのが、習得・活用・探究の視座である。

このように考えられるなら、**前節**の⑴〜⑸で示した、学校教育の再帰的近代化を脅かしている問題に、今日どのように対処すればいいかの戦略も自ずと見えてくる。つまり、それらは、社会構造的に与えられる基盤としての知識体系の先にある、個々人にとって発展させていかなければならない自身の知識体系、さらには開発すべき能力の問題である。習得・活用・探究の視座における活用・探究の学習としていく問題である。

⑵社会構造を乗り越える個人の主体性（エージェンシー）とインサイドアウト思考

前近代、近代初期のパラダイムであった教授パラダイムで完全に再帰的近代化を果たせないとするならば、ここから先は個人で主体的に社会構造を乗り越えて対処していくしかない。

このような社会の制約的構造を乗り越える個人の主体性（エージェンシー）を説くのは、カナダの社会学・心理学者であるコテである。コテら[149]が、「社会科学は、人の行動が外的で社会・政治・経済の様々な外的な力の結果なのか個人的で意志による内的な意図の結果なのかをめぐって絶えず論争している。この論争は構造―エージェンシー論争（structure-agency debate）」と呼ばれる[150]」と述べるように、社会（構造）か個人（エージェンシー）かの二択論争が長く続いている。コテらの立場は、二択のいずれかではなく、両者の相互作用を求めることにある[151]。社会構造の制約を乗り越える個人の主体性（エージェンシー）の発揮に、問題や課題に満ちた現代社会の活路を見出している。本章はこのことの学習版を論じたものである。

そして、**第6章**の議論に繋げて、この社会構造の制約を乗り越える主体性（エージェンシー）の考えは、個人のライフ構築にも当てはまる。もはやどのように生きていけばいいかを、先行世代の知識・知恵として後続世代に教えられる時代ではない。現代社会では、すべての人びとが絶えずアイデンティティ形成、ワーク・ライフキャリアを構築する中で、自身で自身のライフを見出していくしかないのである。自身の知識体系を構築すること、必要な資質・能力を開発すること、自身のライフを構築すること、これらを行っていくには、世の中の正解を探すのではなく、自分の頭で考えなければならない。「自分の考えを作る」「自分のものの見方」などと本書で繰り返し説いてきたインサイドアウト思考が、あらゆる所、あらゆるテーマ・領域で求められる。インサイドアウト思考の幕開けである。

注

134 コテ・レビン（2020）の第2章を参照。コテ，J.・レビン，C.（著）河井亨・溝上慎一（訳）（2020）．若者の

アイデンティティ形成―学校から仕事へのトランジションを切り抜ける―　東信堂

135 Erikson (1950; 1959) を参照

136 青年期のアイデンティティ形成・発達を解説した書籍はたくさん出版されているが、最新のものを紹介しておく。白井利明・杉村和美 (2022). アイデンティティ―時間と関係を生きる―　新曜社

137 岩田重則 (1996). ムラの若者・くにの若者―民俗と国民統合―　未來社

138 溝上 (2010)、第4章を参照

139 溝上 (2014) を参照

140 二〇〇〇年代の様々な資質・能力の提起、社会的な課題となっていく状況は、松下 (2010, 2014) の「新しい能力」論で詳しく論じられている。松下佳代 (2010). 〈新しい能力〉概念と教育―その背景と系譜―　松下佳代 (編) 〈新しい能力〉は教育を変えるか―学力・リテラシー・コンピテンシー―　ミネルヴァ書房 pp.1-41, 松下佳代 (2014). 大学から仕事へのトランジションにおける〈新しい能力〉―その意味の相対化―　溝上慎一・松下佳代 (編)　高校・大学から仕事へのトランジション―変容する能力・アイデンティティと教育―　ナカニシヤ出版　pp.91-117

141 学士力の構成要素として「知識・理解」「汎用的技能」「態度・志向性」「総合的な学習経験と創造的思考力」が設定された。中央教育審議会『学士課程教育の構築に向けて (答申)』(二〇〇八年一二月二四日)

142 二〇一一年に大学設置基準の改正が施行され、国は大学のキャリア教育を従来の厚生補導 (就職支援) だけでなく、教育課程内でも位置づけ、積極的に授業として実施していくことを求めた。詳しくは宮田 (2019) を参照。宮田弘一 (2019). 大学におけるキャリア教育法制化の政策過程―「政策の窓」モデルの可能性―　大学教育学会誌, *41(1)*, 107-116.

143 中央教育審議会『新たな未来を築くための大学教育の質的転換に向けて―生涯学び続け、主体的に考え

る力を育成する大学へ―（答申）』（二〇一二年八月二八日）

144 中央教育審議会『幼稚園、小学校、中学校、高等学校及び特別支援学校の学習指導要領等の改善及び必要な方策等について（答申）』（二〇一六年一二月二一日）

145 本論ではこれまで、「知識・技能」を一般的・汎用的な意味で用いていたが、新学習指導要領の資質・能力の三つの柱の一つとしての「知識・技能」、とくに「技能」は、教科に直接関連する意味での特定技能（例えば、実験の仕方や地図の読み方など）を指している。以下、新学習指導要領に関連して「知識・技能」と呼ぶ場合も同様である。

146 溝上(2014)、溝上（責任編集）(2018)を参照。溝上慎一（責任編集）京都大学高等教育研究開発推進センター・河合塾（編）(2018).高大接続の本質―「学校と社会をつなぐ調査」から見えてきた課題―　学事出版

147 二〇〇八年の学習指導要領改訂でこの説明がなされ始めた。文部科学省『小学校学習指導要領解説―総合的な学習の時間編』（二〇〇八年六月）

148 義務教育段階の全小学校・中学校において、児童生徒向けの一人一台端末と、高速大容量の通信ネットワークを一体的に整備する文部科学省の取り組み。当初五年計画で始められたが、二〇二〇年に新型コロナウィルスが感染拡大し、休校、オンライン授業等への対応のため、前倒しで一年で整備されることとなった。詳しくは、以下のウェブサイトを参照。ウェブサイト「溝上慎一の教育論」の「(理論)令和の日本型学校教育―「個別最適な学び」と「協働的な学び」―」を参照　http://smizok.net/education/index.html

149 コテ・レビン(2020)を参照

150 Ibid., p.98

151 Ibid., p.126

最後に――ウェルビーイング論へ

これだけライフが個人化・多様化した、またそれを許容する現代社会である。学校教育で基礎的・基本的な知識・技能は知識体系の基盤として習得するけれども、個人化・多様化したライフを営む上で、さらにどのような知識・技能が必要になるかは人によってかなり異なる。ある知識・技能は、ある人びとにとってはとても必要なものであるが、他の人びとにとってはまったく必要ではなかったりする。これが、ライフが個人化・多様化した現代社会である。

人からどのようなライフを過ごせばいいかと教え諭される時代ではない。自分はどのように生きていきたいか、そのために学校で教えられなかったどのような知識や技能をさらに学習するか、そのようなことをいろいろ自分で考えなければならない時代になっている。本書が焦点化して提起したこのような思考こそが「インサイドアウト思考」である。自身の内側にある欲求や目標に基づいて思考し、それを基にどのような知識・技能を学習していくか、どのように生きていくかを考えなければならないのである。

そして、このような現代社会の見通しの中でインサイドアウト思考を考えていくと、畢竟たどり着くのは「ウェルビーイング（well-being）」である。国内外でかくも叫ばれるウェルビーイングは、実は現代社会におけるライフの個人化・多様化を踏まえてはじめてその必要性が見えてくる。なぜなら、すべての人びとにとって共通する標準的な幸せを、これだけ個人化・多様化したライフが許容される現代社会においてもはや外側から提供することなどできなくなっているからである。今日のウェルビーイングの論者は、必ずと言っていいほどに論の冒頭で、経済的・物質的な豊かさではない個々人の幸せを考えていかねばならないと説く[152]。それは、マズローの欲求階層論において、欠乏欲求を意味する「d指向[153]」（具体的には、とくに衣食住などの生理的欲求や安全・安心の欲求）を充足させ、より上位の承認や自己実現の欲求へと向かう心理的機序を作り出すことを意味する。経済的・物質的な豊かさを克服するとは、マズローのd指向を充足させることに他ならない。d指向を充足させないと、より上の承認や自己実現の欲求へと向かわないわけではないが、これらがある程度充足した現代社会の中で、より上の承認や自己実現の欲求を「ウェルビーイング」として求め、その充実を求めていくことは十分理にかなった考えである。ウェルビーイングの充実の中身が人それぞれであることは、人びとのライフが個人化・多様化していることの証《あかし》である。ウェルビーイング論は、個々人がインサイドアウト思考で自身のライフを考えていかなければならないものとして提起されている。ここから先は、講話シリーズの第5巻で論じる。

注

152　Diener (2000)、前野・前野 (2022) を参照。Diener, E. (2000). Subjective well-being: The science of happiness and a proposal for a national index. *American Psychologist, 55(1)*, 34-43.、前野隆司・前野マドカ (2022). ウェルビーイング　日本経済新聞出版

153　マズロー (1979) は「d指向 (d-drive)」「d認知 (d-cognition)」と呼んでいる。「d」は「欠乏 (deficiency)」の頭文字である。

あとがき

いつかは思考論を一冊の本としてまとめなければならないと思ってきた。しかし、思考について考えることを断片的に論じることと、こうして一冊の本で、しかも思考のそもそも論にまで戻って総合的に論じることとはまったく別の作業である。予想通り、執筆には相当難航し、予定していた〆切より一年遅れてようやく書き上げたというところである。

筆者の専門からやや外れるこのテーマについて、それでもしっかり論じなければならないと考えた理由は、やはりアクティブラーニング論にある。私はこの10年、アクティブラーニングが今日の大学教育・学校教育で徹底的に実践されなければならないと説いてきた。しかし、世の中の教育実践、あるいはそこでの学習パラダイムへの転換が期待するように進まない。その理由の一つは、教員や生徒・学生その他ステークホルダーが、アウトサイドイン思考の正解至上主義に浸っており、インサイドアウト思考に開かれていないからである。アクティブラーニングを説くだけでなく、その学習プロセスにあるインサイドアウト思考も説かねばならないと考えるようになったのである。

しかし、ひとたび執筆し始めるや否や、インサイドアウト思考だけでインサイドアウト思考の意義を論じることはできないことがすぐにわかった。思考論をある程度でも総合的に論じ、伝統的な思考論であるアウトサイドイン思考も位置づけて、その上でインサイドアウト思考を論じなければならないことがすぐにわかったのである。書けるかなと若干ひるんだことはよく覚えている。

しかも、執筆し始めると、この問題はアクティブラーニングや学校教育の学習パラダイムを論じるだけでは事済まず、現代の仕事・社会の様々なテーマと併せて論じられなければならないこともわかってきた。なぜなら、学校教育でのアクティブラーニングや学習パラダイムの必要性が、仕事・社会へのトランジションの文脈で提起されているからである。学校教育だけの狭い世界で必要性を説くだけでは十分ではないと思われたのである。

問題はまだ続く。加えて、筆者のいちばんの専門的関心である自己・アイデンティティ形成、生き方の問題、本書で「個性的なライフの構築」と呼んだものにも、インサイドアウト思考は繋がり求められることがわかってきた。ここまで来ると、もはやこの問題から逃げる選択肢はないように思われた。

こうして書き上げた本書であるが、思考について真正面から論じたのは初めての作業である。間違った理解や考えが随所にあるかもしれない。読者から忌憚のないご意見やコメントをいただいて、改めるべき箇所は改め、この論を発展させていきたい所存である。

本書のキーワードである「インサイドアウト」「アウトサイドイン」の概念を論の中心に据えたの

は、これで三回目である。一回目は『現代大学生論―ユニバーシティ・ブルーの風に揺れる―』(NHKブックス，2004)、二回目は『現代青年期の心理学―適応から自己形成の時代へ』(有斐閣選書，2010)である。

本書は執筆に一年半を要したが、執筆し始めて最初の半年間は、実は「インサイドアウト」「アウトサイドイン」の概念を用いていなかった。もう少し抽象度の低い概念を用いていた。しかし、論が進むにつれて、最初用いていた概念では、本書が扱う問題をすべてカバーしきれないことが明らかとなってきた。そこで、もう一度「インサイドアウト」「アウトサイドイン」を引っ張り出してきた。言い換えれば、概念の抽象度を上げたのである。「インサイドアウト」「アウトサイドイン」は、それほど様々な異なる問題をカバーして、同じ意味や機能で論じられるほど、抽象度が高い概念だということである。

本書を書き終えてふっと考え始めてしまったことがある。ここまで抽象度の高い概念で思考を論じることに、果たして社会的意義があるのだろうかと。説きたいことは単純である。「自由にいろいろ考えてみよう」「考えを作っていこう」ということである。しかし、そんな一言を説くために、これだけの時間と労力をかけて、本一冊の原稿を書かなければならなかったのだろうか。

いろいろ考えて、やはり書かなければならなかっただろうと結論づけた。なぜなら、インサイドアウト思考を説くのに、本書では七章分もの分量を要したからである。説きたいことは単純であっても、それに関連すると考えられる他の概念や論は非常に多くある。それらを片っ端から繋げて構成した一つの理論である。インサイドアウト思考というこの一点から、現代の学校教育や仕事・社会、人びとのライフがどのように見えるかを論じた一つの理論である。読者にも、本書の社会的意義をそのように理解してもらえれば幸いである。

そして私は今、桐蔭学園で自らの教育現場を持っており、日々幼稚園から大学まで子供たち、生徒・学生たちの学びと成長に実践的に関わっている。さらには、学校教育に関わる全国の教職員、専門家、仕事・社会における様々な企業、行政、NPO等の方々と実践的に交流している。大所高所から俯瞰して論じた本書が、実践的な交流における基礎資料となることを願っている。

本書は、「学びと成長の講話シリーズ」に所収される一冊である。

第1巻『アクティブラーニング型授業の基本形と生徒の身体性』

第2巻『学習とパーソナリティ―「あの子はおとなしいけど成績はいいんですよね!」をどう見るか―』

第3巻『社会に生きる個性―自己と他者・拡張的パーソナリティ・エージェンシー―』

に続く第4巻目の本となる。同じ講話シリーズの中で、筆者が教育実践の中で考えることを時系列的に世に示していけることは、類い希なる幸せである。そのような機会を与えてくださる東信堂の下田勝司社長とスタッフの皆さまに、心よりの感謝を申し上げたい。御縁を大事にして、これからもしっかり精進し、学校教育や人びとのライフについて引き続き考えていきたい。

二〇二三年二月吉日

溝上　慎一

追記

本書の執筆を終えた後、OpenAIから高度なＡＩ技術によるChatGPTが出てきて、世間を騒がすようになった。世の中にあるビッグデータから最適解を抽出し、利用者の幅広い分野の質問に詳細な回答を生成できるチャットアプリである。その是非は横に置き、ＡＩやそれを用いたテクノロジーの発達によって、人はますます自ら思考することから遠ざかっていくのだろうと懸念する。このようなテクノロジーを排斥するのはおそらく難しく、共生していく必要があると考えるのが妥当であろう。我々は、本書で説くところのインサイドアウト思考を鍛えていこうといっそう説いていかねばならないのかもしれない。

【マ行】

【ヤ行】

【ラ行】

【ワ行】

【英数字】

事項索引

人名索引

【著者紹介】
溝上慎一（みぞかみ　しんいち）

学校法人桐蔭学園理事長　桐蔭横浜大学教授

1970年生まれ。大阪府立茨木高等学校卒業。神戸大学教育学部卒業。京都大学博士(教育学)。1996年京都大学高等教育教授システム開発センター助手、2000年同講師、教育学研究科兼任、2003年京都大学高等教育研究開発推進センター助教授（のち准教授)、2014年同教授。2019年学校法人桐蔭学園理事長、桐蔭横浜大学学長（2020-2021年)。現在に至る。

日本青年心理学会理事、大学教育学会理事、公益財団法人電通育英会大学生調査アドバイザー、学校法人河合塾教育研究開発本部研究顧問、文部科学省各委員、大学の外部評価・中学・高等学校の指導委員等。日本青年心理学会学会賞受賞。

■専門

専門は、心理学（現代青年期、自己・アイデンティティ形成、自己の分権化）と教育実践研究（生徒学生の学びと成長、アクティブラーニング、学校から仕事・社会へのトランジション、キャリア教育等)。

■主な著書

『自己形成の心理学―他者の森をかけ抜けて自己になる』(2008世界思想社、単著)、『現代青年期の心理学―適応から自己形成の時代へ』(2010有斐閣選書、単著)、『自己の心理学を学ぶ人のために』(2012世界思想社、共編)、『アクティブラーニングと教授学習パラダイムの転換』(2014東信堂、単著)、『高校・大学から仕事へのトランジション』(2014ナカニシヤ出版、共編)、『アクティブラーニング・シリーズ』全7巻監修（2016～2017東信堂)、『アクティブラーニング型授業の基本形と生徒の身体性』(2018東信堂、単著)、『学習とパーソナリティ―「あの子はおとなしいけど成績はいいんですよね！」をどう見るか』(2018東信堂、単著)、『社会に生きる個性―自己と他者・拡張的パーソナリティ・エージェンシー』(2020東信堂、単著)、『高大接続の本質―「学校と社会をつなぐ調査」から見えてきた課題―』(2018学事出版、責任編集）等多数。

学びと成長の講話シリーズ 4

インサイドアウト思考──創造的思考から個性的な学習・ライフの構築へ　〔検印省略〕

2023年7月20日　初　版第1刷発行　　＊定価はカバーに表示してあります。

著者 © 溝上慎一(株式会社みぞかみラボ)　発行者／下田勝司　印刷・製本／中央精版印刷株式会社

東京都文京区向丘1-20-6　郵便振替 00110-6-37828

〒113-0023　TEL (03)3818-5521　FAX (03)3818-5514

発行所　株式会社 東信堂

Published by TOSHINDO PUBLISHING CO., LTD.

1-20-6, Mukougaoka, Bunkyo-ku, Tokyo, 113-0023 Japan

E-Mail: tk203444@fsinet.or.jp　http://www.toshindo-pub.com

ISBN978-4-7989-1855-6 C3037

東信堂

- 高等教育システム強化のための緩衝組織の構造と機能—孤立した大学改革の一般化の観点から　柴　恭史　四二〇〇円
- 大学職員人事異動制度の実証的研究—職務遂行高度化への効果検証　木村弘志　四二〇〇円
- STEM高等教育とグローバル・コンピテンス—人文・社会との比較も視野に入れた国際比較　山田礼子編著　三六〇〇円
- 2040年 大学教育の展望—21世紀型学習成果をベースに　山田礼子　二八〇〇円
- 高等教育の質とその評価—日本と世界　山田礼子編著　二八〇〇円
- 学士課程教育の質保証へむけて—学生調査と初年次教育からみえてきたもの　山田礼子　三二〇〇円
- 大学教育を科学する—学生の教育評価の国際比較　山田礼子編著　三六〇〇円
- 一年次（導入）教育の日米比較　山田礼子　二八〇〇円
- 女性学長はどうすれば増えるか—国内外の現状分析と女性学長からのメッセージ　高橋裕子・河野銀子編著　一八〇〇円
- 2040年 大学よ甦れ—カギは自律的改革と創造的連帯にある　田中弘允・佐藤博明・田原博人著　二四〇〇円
- 検証 国立大学法人化と大学の責任—その制定過程と大学自立への構想　田中弘允・佐藤博明・田原博人著　三七〇〇円
- 女性の大学進学拡大と機会格差　日下田岳史　三六〇〇円
- 教育機会均等への挑戦—授業料と奨学金の8カ国比較　小林雅之編著　六八〇〇円
- 高等教育機会の地域格差—地方における高校生の大学進学行動　朴澤泰男　五六〇〇円
- 大学進学にともなう地域移動—マクロ・ミクロデータによる実証的検証　遠藤　健　三六〇〇円
- 国立大学職員の人事システム—管理職への昇進と能力開発　渡辺恵子　四二〇〇円
- 国立大学法人の形成　大﨑　仁　二六〇〇円
- 国立大学・法人化の行方—自立と格差のはざまで　天野郁夫　三六〇〇円
- 日本の大学経営—自律的・協働的改革をめざして　両角亜希子　三九〇〇円
- 私立大学の経営と拡大・再編—一九八〇年代後半以降の動態　両角亜希子　四二〇〇円
- 学長リーダーシップの条件　両角亜希子編著　二六〇〇円
- 大学経営・政策入門　東京大学 大学経営・政策コース編　二四〇〇円

※定価：表示価格（本体）＋税

〒113-0023　東京都文京区向丘 1-20-6　TEL 03-3818-5521　FAX03-3818-5514
Email tk203444@fsinet.or.jp　URL:http://www.toshindo-pub.com/

東信堂

アメリカ高等教育史—その創立から第二次世界大戦までの学術と文化	原圭寛、間篠剛留、五島敦子、小野里拓、藤井翔太、原田早春 訳	八六〇〇円
米国シカゴの市民性教育—子どものエンパワメントの視点から	久保園梓	四二〇〇円
アメリカ教育例外主義の終焉—変貌する教育改革政治	青木栄一監訳	三六〇〇円
オープン・エデュケーションの本流—ノースダコタ・グループとその周辺	橘髙佳恵	三六〇〇円
米国の特殊教育における教職の専門職性理念の成立過程	志茂こづえ	四二〇〇円
米国における協働的な学習の理論的・実践的系譜	福嶋祐貴	三六〇〇円
アメリカにおける学校認証評価の現代的展開	浜田博文編著	二八〇〇円
現代アメリカ貧困地域の市民性教育改革—教室・学校・地域の連関の創造	古田雄一	四二〇〇円
アメリカ公民教育におけるサービス・ラーニング	唐木清志	四六〇〇円
〔再増補版〕現代アメリカにおける学力形成論の展開—スタンダードに基づくカリキュラムの設計	石井英真	四八〇〇円
アメリカにおける多文化的歴史カリキュラム	桐谷正信	三六〇〇円
アメリカ　間違いがまかり通っている時代—公立学校の企業型改革への批判と解決法	D・ラヴィッチ著 末藤美津子訳	三八〇〇円
教育による社会的正義の実現—アメリカの挑戦（1945-1980）	D・ラヴィッチ著 末藤美津子訳	五六〇〇円
学校改革抗争の100年—20世紀アメリカ教育史	D・ラヴィッチ著 末藤・宮本・佐藤訳	六四〇〇円
アメリカ公立学校の社会史—コモンスクールからNCLB法まで	W・J・リース著 小川佳万・浅沼茂監訳	四六〇〇円
アメリカ学校財政制度の公正化	竺沙知章	三四〇〇円
空間と時間の教育史—アメリカの学校建築と授業時間割からみる	宮本健市郎	三九〇〇円
アメリカ進歩主義教授理論の形成過程—教育における個性尊重は何を意味してきたか	宮本健市郎	七〇〇〇円
現代アメリカ教育ハンドブック　第2版	アメリカ教育学会編	三六〇〇円
アメリカ教育研究28〜33	アメリカ教育学会編	各二〇〇〇円

※定価：表示価格（本体）＋税

〒113-0023　東京都文京区向丘1-20-6　TEL 03-3818-5521　FAX03-3818-5514
Email tk203444@fsinet.or.jp　URL:http://www.toshindo-pub.com/